Jedem Kind sein Instrument

Charlotte Heinritz

Jedem Kind
sein Instrument

Das musikpädagogische Pionier-
projekt an der Waldorfschule
Dortmund

 Springer VS

Charlotte Heinritz

Springer VS
ISBN 978-3-531-17963-6   ISBN 978-3-531-93182-1 (eBook)
DOI 10.1007/978-3-531-93182-1

Die Deutsche Nationalbibliothek verzeichnet diese Publikation in der Deutschen National-
bibliografie; detaillierte bibliografische Daten sind im Internet über http://dnb.d-nb.de
abrufbar.

Einbandabbildung: © Mirjam Schieren
Einbandentwurf: KünkelLopka Medienentwicklung, Heidelberg

Gedruckt auf säurefreiem und chlorfrei gebleichtem Papier

Springer VS ist eine Marke von Springer DE.
Springer DE ist Teil der Fachverlagsgruppe Springer Science+Business Media
www.springer-vs.de

Inhaltsverzeichnis

Einleitung

Im Jahr 2001 wurde das Musikprojekt „Jedem Kind sein Instrument" von Mirjam Schieren und Christian Kröner entwickelt und an der Bochumer Waldorfschule ins Leben gerufen; 2003 folgte die Waldorfschule Dortmund. Seitdem können dort alle Kinder der zweiten und dritten Klasse auf freiwilliger Basis ein Musikinstrument in der Schule erlernen.

Dieses Projekt diente als Vorlage des vor allem im Ruhrgebiet von der Landesregierung Nordrhein-Westfalen geförderten Projektes an Grundschulen „Jedem Kind *ein* Instrument (JEKI)", das 2003 von der Zukunftsstiftung Bildung der GLS Bank zusammen mit der Musikschule Bochum initiiert und bis zum Jahr 2011 an rund 650 Grundschulen aus 42 Kommunen eingeführt wurde. Auch in anderen Bundesländern gibt es mittlerweile zahlreiche Kommunen, die *„Jedem Kind ein Instrument"* in die Schulen bringen. „JEKI" unterscheidet sich in einigen Elementen wesentlich von der Konzeption des hier vorgestellten Ursprungsprojektes, etwa in dem Angebot und der Wahl der Instrumente, der Größe der Lerngruppen und der Dauer des organisierten Instrumentalunterrichts. Das Projekt „JEKI" an den Bochumer Grundschulen wurde zwei Jahre lang von Erich und Renate Beckers evaluiert (Beckers und Beckers 2008).

Von 2003 bis 2008 wurde das Musikprojekt „Jedem Kind sein Instrument" als pädagogisches Praxisprojekt an der Alanus Hochschule wissenschaftlich begleitet. Im Mittelpunkt standen dabei die Konzeption des Projektes und seine Umsetzung an der Rudolf-Steiner-Schule in Dortmund im Verlauf mehrerer Jahre. Diese Veröffentlichung ist die überarbeitete und gekürzte Fassung des Forschungsberichts vom Januar 2010 (Heinritz 2010). Im ersten Kapitel wird die Konzeption des Projektes vorgestellt; dann folgt ein Überblick über die Methode der wissenschaftlichen Begleitforschung. Das dritte Kapitel informiert über die Ergebnisse des Dortmunder Projektes und im vierten Kapitel werden die Ergebnisse der empirischen Untersuchung dargestellt. Die Dokumentation des Projektes mit einer Beschreibung der organisatorischen Rahmenbedingungen im Anhang soll zugleich als Handreichung für Schulen und Initiativen dienen, die ein solches Musikprojekt beginnen wollen.

Das Projekt wurde von der Software-AG-Stiftung gefördert, ebenso wie die wissenschaftliche Begleitstudie, deren Ergebnisse hier vorliegen. Fördermittel erhielt das Projekt außerdem von der „Zukunftsstiftung Bildung" in der GLS

Treuhand, von der Stiftung Cultura GmbH, der Werner Richard – Dr. Carl Dörken Stiftung und der Stiftung Aktion Mensch. Das Projekt selbst ist an den Verein zur Förderung anthroposophischer Initiativen (VAI), dem Förderverein der Rudolf Steiner Schule Dortmund, angebunden.
Eine Forschungsgruppe bestehend aus der Verfasserin und Dozenten des Institutes für Waldorfpädagogik Witten/Annen Michael Kalwa, Martin Wienert und Adelheid Jorberg, anfangs auch Martin Tobiassen, traf sich von 2004 bis 2007 regelmäßig zur Erhebung und Auswertung der Daten und zur methodischen Vorbereitung der nächsten empirischen Schritte. Die Volkskundlerin Ruth Roebke, Frankfurt/M., führte Interviews zur Instrumentalbiographie Erwachsener durch und wertete Musikerautobiographien aus. Die Kunstpädagogin Petra Böhle (Schwelm) beobachtete das Weihnachtskonzert und verfasste ein Beobachtungsprotokoll. Im Rahmen von Lehrforschungsseminaren beteiligten sich Studierende der bildenden Künste und der Eurythmie der Alanus Hochschule gemeinsam mit Studierenden der Musikpädagogik des Instituts in Witten/Annen an der Datenerhebung und erster Analyseschritte. Ihnen allen sei an dieser Stelle herzlich für ihre Mitarbeit gedankt!
Mein besonderer Dank gilt der Initiatorin und Leiterin des Projektes, Mirjam Schieren, die mir in vielen Interviews und Gesprächen bereitwillig Auskunft gegeben hat und mir auch für den Bericht viele wertvolle Hinweise lieferte. Ein herzliches Dankeschön sage ich auch den Beteiligten am Dortmunder Projekt: den Schülern, Instrumentallehrern, Eltern und Lehrern, die sich in vielfältiger Weise an der Studie beteiligt haben.
Axel Föller-Mancini, Renate Franke-Kutschbach, Werner Fuchs-Heinritz, Juliane Noack Napoles, Alexander Röhler und Jost Schieren haben den Bericht sorgfältig durchgelesen und mir mit ihrer konstruktiven Kritik viele wertvolle Anmerkungen und Anregungen für die Überarbeitung gegeben. Bei ihnen allen möchte ich mich dafür ganz herzlich bedanken!

1 Entwicklung und Konzeption des Musikprojektes

1.1 Konzeption des Musikprojektes im Kontext

Kinder haben Freude am Musizieren! Das frühe Erlernen eines Instrumentes ist für Kinder schön und sinnvoll. Aber viele Kinder haben keine Möglichkeit, ein Instrument zu erlernen, weil die Hürden zu hoch sind: Auswahl und Anschaffung eines geeigneten Instrumentes, die Suche nach einem Instrumentallehrer, die Organisation des Unterrichts am Nachmittag, das Warten auf einen Platz in der Musikschule. Deshalb sollte der Instrumentalunterricht in die Schulen kommen und dort allen Kindern, die dies wollen, schon frühzeitig und im Kreis ihrer Schulklasse zum Erlernen eines Instrumentes verhelfen. Die Instrumente müssen nicht sofort angeschafft werden, sondern können gegen eine geringe Gebühr ausgeliehen werden.

Diese Grundideen veranlassten die Instrumentalpädagogin Mirjam Schieren, im Jahr 2001 gemeinsam mit Christian Kröner das Projekt „Jedem Kind sein Instrument" ins Leben zu rufen:

> „Bei Gesprächen ... zwischen Mirjam Schieren und Christian Kröner über Musik und insbesondere über Musik mit Kindern tauchte die Idee erstmals auf. Mirjam Schieren hatte gerade ihr Musikstudium beendet, Christian Kröner war Lehrer (Mathematik/Physik) und langjähriger Leiter des Blasorchesters der Oberstufe an der Rudolf Steiner Schule Bochum. Die Idee war einfach: Instrumentalunterricht für Kinder, integriert in den Schulmorgen und zusätzlich zum Musikunterricht in der Schule." (Schulzeitung Bochum 2008, S. 122)

Dieser Plan hatte auch biographische Wurzeln: Mirjam Schieren hatte als Fünfjährige nach einem Kirchenkonzert die Geige als „ihr" Instrument entdeckt und konnte schließlich im Alter von zehn Jahren mit dem Unterricht beginnen – die Geige blieb *ihr* Instrument bis heute! Anders war es einem Verwandten von ihr ergangen, der Cello spielen wollte, aber aufgrund der „Diagnose" eines anthroposophischen Musikers Horn lernen musste, weil dieses Instrument „aus menschenkundlichen Gründen" besser zu ihm passen würde. Er erlernte dann das Horn, aber das Cello blieb sein unerfüllter Wunsch: „Er hat auf dem Instrument dann gut gespielt, auf dem Horn, er hätte alles gut gespielt, aber sein Traum war

Cello! Darum: Jedem Kind sein Instrument!" (Interview 1 mit Mirjam Schieren, April 2004)

Nach der Konzeptionsphase wurde das Projekt im Jahr 2001 an der Rudolf Steiner Schule Bochum unter dem Namen „Jedem Kind sein Instrument" eingeführt; zwei Jahre später, im Jahr 2003, unter der Leitung von Mirjam Schieren an der Dortmunder Waldorfschule. Seitdem ist es an beiden Schulen fester Bestandteil des Schulgeschehens, und alle Kinder können in der zweiten und dritten Klasse auf freiwilliger Basis ein Musikinstrument in den Räumen der Schule und im Rahmen des Stundenplanes lernen. Die Kinder wählen selbst aus einer Auswahl von Orchesterinstrumenten ihr Musikinstrument, das sie in den beiden Jahren des Projektes ausleihen können. Der Instrumentalunterricht findet zweimal wöchentlich in parallelen Kleingruppen statt; zudem begleiten regelmäßiges Ensemble- und Orchesterspiel und öffentliche Aufführungen das Projektgeschehen. Nach Ablauf der beiden Projektjahre entscheiden die Kinder über die Fortsetzung des Instrumentalunterrichtes; im Rahmen der Schule können sie in den folgenden Klassen in Ensembles und Schulorchestern musizieren.

Die Entwicklung dieses Musikprojektes steht im Kontext mehrerer aktueller musikpädagogischer Initiativen und Forschungen. Frühere musikpädagogische Projekte stellten vor allem die Förderung musikalisch besonders begabter Kinder und Jugendlicher in den Mittelpunkt. Das „Hofer Modell" beispielsweise, eine Initiative der Symphoniker der bayrischen Stadt Hof, die seit über 30 Jahren in einer orchestereigenen Musikschule Instrumentalunterricht durch ihre Orchestermusiker für Kinder und Jugendliche erteilen, legt einen Schwerpunkt auf die Vorbereitung und Unterstützung von Jugendlichen für den bundesweiten Wettbewerb „Jugend musiziert". So erhalten die Jugendlichen im Rahmen des Projektes Gelegenheit zu öffentlichen Auftritten, und viele von ihnen wurden Preisträger (Pöppel o.J., Wagner 2009). Im Rahmen des Hofer Modells werden jedoch auch Kinder unabhängig von besonderer musikalischer Begabung gefördert; so befinden sich mehrere beteiligte Grundschulen in sozialen Brennpunkten.

Auch die ersten Forschungen des Musikpädagogen Hans Günther Bastian widmeten sich im Auftrag des Bundesministers für Bildung und Wissenschaft musikalisch hochbegabten Kindern und Jugendlichen, die alle Preisträger von „Jugend musiziert" waren (Bastian 1986, 1989). Ein Überblick über frühere musikpädagogische Studien in Deutschland findet sich in dem Band von Bastian und Kraemer 1992.

Zur gleichen Zeit mehrten sich kritische Stimmen, die feststellten, dass der Musikunterricht an den Schulen mehr und mehr zugunsten der intellektuellen Fächer vernachlässigt wurde. Singen und Instrumentalspiel verloren auch in den Familien an Bedeutung, die Kommunen schränkten ihre finanzielle Unterstützung von Musikschulen angesichts der knapperen Haushaltsmittel zunehmend ein – dies konstatiert z.b. Bastian (2003, Seite 12 und 107).

Die Trendwende wurde vor allem durch die Veröffentlichung der sogenannten Bastian-Studie „Musikerziehung und ihre Wirkung" (Bastian 2002), einer Langzeitstudie an Berliner Grundschulen, herbeigeführt. Die Forschungsergebnisse zeigten unter anderem positive Einflüsse von „Musik, Musizieren und Musikerziehung" bei Grundschulkindern im Alter von 6-12 Jahren auf ihr Sozialverhalten, ihre IQ-Werte, ihre Konzentrationsfähigkeit, ihre schulische Leistungsfähigkeit sowie ihre emotionalen und psychomotorischen Fähigkeiten (zusammenfassend Bastian 2003, 35).

Es gab bereits vor der Bastian-Studie eine Reihe von musikpädagogischen Forschungen, die die positive Auswirkung von Musikunterricht auf andere Fähigkeiten wie Sprachentwicklung, Mathematik und Sozialverhalten untersuchten. Dazu gehört z.b. die Schweizer Längsschnittuntersuchung zur Bedeutung von erweitertem Musikunterricht in Schulen durch Weber et al.1993. Zugleich rückten auch die Ergebnisse hirn- und neurophysiologischer Forschungen zu den Effekten von Musik auf die Entwicklung des Gehirns und die Ausbildung sprachlicher, kognitiver und emotionaler Fähigkeiten verstärkt in die öffentliche Wahrnehmung. Christian Rittelmeyer hat die Forschungsergebnisse in seinem 2010 erschienenen Buch „Warum und wozu ästhetische Bildung?" im Kapitel „Transferwirkungen der Musik" übersichtlich und gut lesbar zusammengestellt und kritisch diskutiert. Diese Forschungen beeinflussen die pädagogische Debatte bis heute, u.a. mit der Folge, dass musikpädagogische Projekte teilweise vor allem unter dem Gesichtspunkt der Transfereffekte propagiert wurden und werden, auch wenn die Ergebnisse der Studien zu musikalischen Transfereffekten wie auch der hirnphysiologischen Untersuchungen erheblich differenzierter sind als die verkürzten Schlagzeilen es nahelegen. Einen Überblick und kritische Kommentierung neurowissenschaftlicher und psychologischer Studien zu den (vermeintlichen) Auswirkungen von Musik finden sich im Buch von Lutz Jäncke „Macht Musik schlau?" (2008) und in den Bänden des Bundesministeriums für Bildung und Forschung: „Macht Mozart schlau?" (Band 18, 2006) und „Pauken mit Trompeten – Lassen sich Lernstrategien, Lernmotivation und soziale Kompetenzen durch Musikunterricht fördern?" (Band 32, 2009).

Trotz der kontroversen Diskussionen um die Bewertung der Forschungsergebnisse zu den Wirkungs- und Transfereffekten musikalischer Aktivitäten, führten die Studien allmählich zu einem bildungspolitischen Umdenken hinsichtlich der Bedeutung von Musik in der Schule und in außerschulischen Bereichen für Kinder und Jugendliche und zu einer stärkeren Beachtung und Förderung des Musikunterrichts. Dabei scheint es zunehmend nicht mehr nur um die Ziele zu gehen, Musik *als Mittel* zum Erwerb „musikexmanenter Kompetenzen" zu betreiben; vielmehr stehen zunehmend die Bedeutung von Musik als wichtigem Kulturgut sowie die Entwicklung musikalischer Fähigkeiten als Grundelemente von Bildung im Vordergrund der musikpädagogischen Begründungen und Entwicklungen.

Das Musikprojekt „Jedem Kind sein Instrument" stellt sich in den Kontext dieser musikdidaktischen Neuorientierung. Die Grundüberlegungen für seine Entwicklung und Einführung sind geleitet von der Überzeugung, dass die Berührung von Kindern durch Musik und insbesondere durch den *aktiven* Umgang mit Musik zur Förderung ihrer gesamten körperlichen, seelischen und intellektuellen Entwicklung beitragen kann. Die musikpädagogische Konzeption des Projektes gründet zudem auf der pädagogischen Grundhaltung der Waldorfpädagogik als einer Erziehung vom Kinde aus mit dem Ziel einer Gesamtförderung der Persönlichkeit. Dazu gehört das Prinzip der personalen Pädagogik und der Erziehung als Kunst, die Abstimmung des Lehrplans auf die Erfordernisse der altersentsprechenden Entwicklungsaufgaben der Kinder, die gleichberechtigte Förderung von emotionalen, intellektuellen und motorischen Fertigkeiten und Fähigkeiten (Erziehung mit „Kopf, Herz und Hand"), mit einer besonderen Schwerpunktsetzung auf die musischen Fächer und das eigene künstlerische Tun der Kinder. Bei den Zielen des künstlerischen Unterrichts in der Waldorfpädagogik geht es ausdrücklich nicht um die Herausbildung besonders begabter Kinder zu „Kinder-Künstlern", sondern es geht um Förderung persönlichkeitsbildender Fähigkeiten und Fertigkeiten *aller* Kinder.

Dabei kommt dem *Üben* eine besondere Bedeutung zu: „Alle … künstlerischen Übungen und Entwicklungen sind Willensübungen. Es gibt keine bessere Willensschulung, als etwas mit Freude wieder und immer wieder zu üben, gerade wenn Schwierigkeiten und Hindernisse zu überwinden sind … Alles Künstlerische, wenn es nur vom Lehrer lebendig und phantasievoll gepflegt wird, erfüllt diese Forderung." (Carlgren und Klingborg 2005, 56).

Das Instrumentalspiel wird (neben Eurythmie) im Kontext des waldorfpädagogischen Curriculums als besonders geeignet angesehen, Kinder an das Üben heranzuführen: „Die Fähigkeit des exemplarischen Üben-Könnens ist wie ein Schlüssel, sich all das anzueignen, was man willens ist zu lernen. … Den kreativen Umgang mit Krisen zu lernen, eine grundlegende Krisenbereitschaft, Krisenfähigkeit zu entwickeln, gehört mit zu einer Reihe menschlicher Fähigkeiten, die im Zusammenhang des Instrumentalunterrichts Bestandteil sind. Zu jedem Aufbau- und Entwicklungsprozess gehören auch Krisen, zu jedem echten Üben gehören Krisen jeglicher Form, mit denen es schöpferisch zu verfahren gilt." (Ronner 2005, 323 f.)

Das Musikprojekt verbindet in Konzeption und Anlage die waldorfpädagogischen Argumente und Begründungen für eine frühe musikalische Ausbildung mit den Ergebnissen und Erkenntnissen der neueren musikpädagogischen und hirnphysiologischen Untersuchungen. Unter anderem tritt dabei der für die motorische Habitualisierung wichtige Zusammenhang von Lernen und Vergessen in den Vordergrund:

> „Wer Klavierspielen oder mit einer Tastatur zu schreiben lernt, ordnet zunächst explizit jeder Taste einen Ton bzw. Buchstaben zu, um dann die Finger nach und nach an diese Verknüpfungen zu gewöhnen, das heißt zugleich: sie wieder zu *vergessen*. Das implizite Können liegt nun ‚in den Händen', und man kann nicht mehr sagen, wie man tut, was man tut. Der Leib hat das Instrument in das Körperschema inkorporiert, und diese unmittelbare Koppelung operiert besser als jede bewusste Vorstellung oder Planung, so dass wir uns im Vollzug auf übergeordnete Ziele richten können." (Fuchs 2009, 156)

Das hier angedeutete Wechselspiel von Lernen und Vergessen hat die waldorfpädagogische Didaktik u.a. zur Konzeption des Epochenunterrichts geführt. Dabei werden die Schüler mehrere Wochen lang jeden Morgen in den ersten beiden Unterrichtsstunden – dem Hauptunterricht – im selben Fach unterrichtet. Die künstlerische und handwerkliche Betätigung wird von Neurobiologen heute als Unterstützung der leiblichen Ausdifferenzierung im Kindesalter gesehen und in Zusammenhang mit einer harmonischen Weltaneignung („Inkarnationsprozess") gebracht (Fuchs 2009, 156).

Der Unterrichtskomplex der künstlerischen Fächer und Epochen in der Waldorfschule erhält damit im Lichte der jüngsten neurobiologischen Forschung so etwas wie eine nachträgliche naturwissenschaftlich abgesicherte Rechtfertigung. Künstlerische Betätigung im Kindesalter erhöht die „erfahrungsabhängige Plastizität" (Fuchs a.a.O., S. 157) des Gehirns und fördert die leiblich-seelische Entwicklung. Das hier in Rede stehende musikpädagogische Projekt kann in diesem größeren Begründungszusammenhang gesehen werden.

Auch auf der psychosozialen Ebene wurden Effekte früher künstlerischer Betätigung nachgewiesen, wobei insbesondere die Förderung der sozialen Fähigkeiten Beachtung verdienen, die u.a. Bastian in seiner vergleichenden Untersuchung an Berliner Grundschulen festgestellt hat (Bastian 2000). Das Instrumentalspiel fördert die Fähigkeiten, die notwendig sind, um es auszuüben: „Im ausdrucksstarken Spiel wird Extraversion gefordert und gefördert, Teamfähigkeit im Ensemblemusizieren, Gewissenhaftigkeit gegenüber dem musikalischen Werk und der Musiksozietät, emotionale Stabilität in der Situation der Darbietung, Intelligenz in der kongenialen Interpretation eines musikalischen Werkes." (Schieren 2003, 5)

Zusammengefasst kann festgehalten werden, dass bei der Konzeptentwicklung vor allem folgende Aspekte zielführend waren:

- die Bedeutung von Musik und insbesondere des eigenen aktiven Musizierens im Kontext eines ganzheitlichen Lernens,
- die Forschungsergebnisse zur Wirkung von musikalischen Aktivitäten im Kindesalter und Erkenntnisse hirnphysiologischer Untersuchungen, die zeigten, dass musikalische Betätigung gerade im Kindesalter nachhaltige positive Einflüsse auf die Entwicklung des noch reifenden Hirns haben können;
- die u.a. auf den Erkenntnissen der Neuropsychologie und den Ergebnissen der musikpädagogischen Forschungen basierende Annahme einer allgemeinen positiven, persönlichkeits- und entwicklungsfördernden Bedeutung von Musik und Musizieren im frühen Lebensalter;
- die Betonung der grundsätzlichen Bedeutung von Musik als Kulturgut und die Notwendigkeit der Pflege und Entwicklung dieses Kulturgutes von Kindheit an.

Dazu kommt vor allem aber die Überzeugung, dass Musik, und zwar insbesondere das aktive Musizieren, Kindern Freude macht!

Wie sieht das Konzept aus und in welchen Zusammenhängen stehen die einzelnen Projektelemente mit den hier angeführten Grundannahmen?

Im Zentrum des Projekts steht der *Instrumentalunterricht* und die Möglichkeit, gemeinsam zu musizieren: Das Instrumentalspiel – so die auf den o.a. Forschungen basierende Annahme – ist in besonderer Weise geeignet, persönlichkeitsbildende Eigenschaften zu stärken, feinmotorische Fähigkeiten auszubilden, durch das gemeinsame Spiel soziale Fähigkeiten zu fördern und – nicht zuletzt – nachhaltige musikalische Aktivitäten anzuregen.
Pädagogische Ziele: Durch das Projekt soll der entwicklungsfördernde aktive Umgang mit Musik insgesamt unterstützt werden („Musik als Lern- und Entwicklungshilfe", Schieren 2003, 3). Dabei wird der Entwicklung sozialer Fähigkeiten besondere Bedeutung zugemessen. Neben den allgemeinen pädagogischen Zielen sollen musikalische Fertigkeiten im Kindesalter angelegt und gefördert werden, in der Erwartung, damit den Grundstein für einen langfristigen aktiven Umgang mit Musik und dem Instrumentalspiel zu legen.
Zielgruppe: Das Musikprojekt verfolgt das Ziel, möglichst allen Kindern das Erlernen eines Musikinstrumentes zu ermöglichen. Es geht davon aus, dass es dazu beitragen kann, Eltern die Entscheidung zu erleichtern, ihr Kind ein Instrument lernen zu lassen. Sie werden bei der Wahl des Instruments unterstützt, indem die Kinder im Rahmen des Instrumentenkarussells aus acht Instrumenten eines wählen können. Damit ist ein bestimmtes Spektrum an Instrumen-

ten vorgegeben; wichtig ist aber vor allem das Vertrauen in die Kinder, dass sie am Ende der ersten Klasse in der Lage sind, „ihr" Instrument selbst auszusuchen. Die Instrumente können für die Projektzeit von zwei Jahren ausgeliehen werden; dadurch entfällt die Sorge, viel Geld für die Anschaffung eines Instrumentes ausgeben zu müssen, das sich womöglich nicht als das richtige Instrument herausstellt oder das das Kind nach einiger Zeit lieber wechseln möchte. Indem der Instrumentalunterricht in der Schule stattfindet, entfallen möglicherweise lange Fahrten am Nachmittag zu Musikschulen oder zu den Musiklehrern. Die Organisation des Instrumentalunterrichts durch das Musikprojekt in der Schule erspart den Eltern die schwierige Suche nach einem geeigneten Instrumentallehrer. Den Sorgen, das Kind nicht genug unterstützen zu können, da keine eigene Instrumentalerfahrung der Eltern vorliegt, kann in gewisser Weise vorgebeugt werden, indem der Unterricht von einem festen Stamm von Instrumentallehrern zweimal wöchentlich in Gruppen durchgeführt wird.

Alter der Kinder: Das Projekt richtet sich an Kinder der ersten Grundschuljahre. In diesem Alter sind ihre Lernfähigkeit und Lernbereitschaft besonders groß und ein Angebot an altersentsprechenden Lernmöglichkeiten ist von daher für ihre gesamte weitere Entwicklung besonders einflussreich. Diese je nach theoretischer Ausrichtung „Latenzphase", „Moratorium", „Vor-Rubikon-Phase" u.a. benannte Altersphase ist gekennzeichnet durch die Festigung und Differenzierung der Beziehungen zur dinglichen und sozialen Umwelt. „Das Kind nutzt die Latenzphase fürs Lernen und die Ausbildung sozialer und seelischer Antriebe (…) Es findet eine Entwicklung zu einem ‚Kulturmenschen' statt. Die Anforderungen der Umwelt werden verinnerlicht und das Über-Ich bekommt eine festere Struktur durch die Internalisierung von Regeln. Vermutlich ist es kein Zufall, dass der Beginn der Schulzeit in unserer Kultur mit dem Beginn der Latenzzeit zusammenfällt." (Oerter und Montada 2002, 99.) Die eigene aktive musikalische Betätigung wird für die gesamte Entwicklung des Kindes wie auch für eine musikalische Ausbildung als besonders wertvoll erachtet; deshalb sollen mit dem Projekt *alle* Kinder erreicht werden, also nicht nur diejenigen, die als musikalisch „begabt" gelten.

Rahmenbedingungen: Damit das Angebot, bereits im Grundschulalter ein Instrument zu erlernen, tatsächlich alle Kinder erreicht, muss der Instrumentalunterricht unkompliziert zugänglich sein. Da die Entscheidung für einen Instrumentalunterricht der Kinder maßgeblich von den Eltern abhängt, müssen dabei die unterschiedlichen sozialen und kulturellen Hintergründe der Elternhäuser berücksichtigt werden.

Die Projektziele sind geleitet von dem Element der Nachhaltigkeit: Aus musikpädagogischen Erwägungen sowie aus entwicklungspädagogischer Perspektive ist es sinnvoll, dass die Kinder über einen längeren Zeitraum das Instrumentalspiel betreiben können. Bei der Projektkonzeption sollen entsprechende Bedingungen geschaffen werden, die die Nachhaltigkeit fördern.

Zusammengefasst verfolgt das Musikprojekt folgende Ziele:

- Die Förderung der kindlichen Entwicklung durch die Begegnung mit Musik;
- damit einhergehend die Förderung von Selbstwirksamkeit und Selbstwertgefühl;
- das Angebot eines Instrumentalunterrichts, der geeignet ist, in altersgemäßer Weise Freude am Musizieren zu wecken und aufrechtzuerhalten;
- die Möglichkeit zur musikalischen Betätigung durch das Instrumentalspiel für alle Kinder im frühen Lebensalter;
- den Aufbau einer nachhaltigen Orchesterarbeit an den Schulen.

1.2 Rahmenbedingungen und einzelne Schritte des Musikprojektes

Vor dem Hintergrund der dargestellten theoretischen Grundannahmen und pädagogischen Ziele entwickelten die Projektinitiatoren die konkreten Schritte des Musikprojektes; pädagogische Kenntnisse und Erfahrungen auf dem Gebiet der musikalischen Früherziehung und dem Instrumentalunterricht (M. Schieren) sowie der Orchesterarbeit mit Schülern (Ch. Kröner) bildeten den Hintergrund für die Konzeption der einzelnen Projektideen.

Im Folgenden werden die *einzelnen Elemente* des Musikprojektes im Kontext der pädagogischen Grundannahmen und Ziele beschrieben.

Institutioneller Rahmen des Projekts
Das Musikprojekt wird als Ergänzung zum Schulmusikunterricht im Rahmen und in den Räumen der Schule angeboten. Das Musikprojekt wird dort klassenweise durchgeführt, so dass die Kinder in Gruppen aus ihrem Klassenverband Instrumentalunterricht erhalten und Möglichkeiten zum gruppenübergreifenden Zusammenspiel im Unterricht und bei den Aufführungen haben. So können die Kinder ihren ersten Instrumentalunterricht in vertrautem Umfeld und mit vertrauten Mitschülern erleben, weil der Unterricht in den Tagesablauf der Schule integriert ist.

Zielgruppe des Projektes und Alter der Kinder
Das Musikprojekt wird in der zweiten und dritten Klasse durchgeführt. Die Kinder sind dann etwa zwischen sieben und neun Jahre alt. Alle Kinder sollen so die Möglichkeit erhalten, ein Instrument auf freiwilliger Basis zu erlernen.

Musikpädagogische Vorannahmen
1. Alle Kinder haben Freude am Musizieren bzw. können dazu angeregt werden.
2. Das Erlernen eines Musikinstrumentes ist unabhängig von besonderen musikalischen Begabungen möglich und sinnvoll.

Die Entscheidung, zu Beginn der zweiten Klasse mit dem Instrumentalunterricht zu beginnen, hat mehrere Implikationen: Sie geht von der Annahme aus, dass die meisten Kinder in diesem Alter die entsprechenden Fähigkeiten und Fertigkeiten haben, ein Instrument zu erlernen. Die meisten Profimusiker haben in oft deutlich jüngerem Alter mit dem Instrumentalunterricht begonnen; diese Erfahrung kann aber nicht auf alle Kinder übertragen werden – auch wenn viele Kinder gerade in Waldorfschulen schon Erfahrungen mit Instrumentalunterricht und musikpädagogischer Früherziehung mitbringen. Das Musikprojekt geht von der Überlegung aus, dass ein Beginn des Projektes in der ersten Klasse viele Kinder überfordern würde, da sie mit dem Schuleintritt schon sehr viele neue Erfahrungen und Eindrücke verarbeiten müssen. Ein späterer Beginn hätte zur Folge, dass ein Teil der Kinder, vor allem solche aus musiknahen Elternhäusern, bereits außerhalb der Schule ein Instrument erlernen. Zudem ist die Unbefangenheit der Kinder, die das Erlernen neuer Fertigkeiten und den Umgang mit den (zunächst) fremden Instrumentallehrern erleichtert, in der zweiten Klasse bei den meisten Kindern noch ausgeprägter als in späteren Jahren. Schließlich sollen die Kinder bis zur Pubertät bereits weitreichende Fähigkeiten im Instrumentalspiel erlangt haben, so dass sie motiviert sind weiterzuspielen.

Projektdauer
Der Zeitraum für diesen ersten Instrumentalunterricht beläuft sich auf zwei Jahre. In dieser Zeitspanne soll es möglich sein, dass die Kinder in noch spielerischer kindgemäßer Weise die Anfangsfertigkeiten im Instrumentalspiel erwerben und hinreichende Erfahrungen mit dem Instrument sammeln, um über eine Fortsetzung außerhalb des Projekts entscheiden zu können. Dabei ist vor allem auch daran gedacht, den Eltern über den Erfahrungszeitraum von zwei Jahren einen Orientierungsrahmen zu geben, damit sie über Instrument, Lehrer und Unterrichtsform ab der vierten Klasse gemeinsam mit ihrem Kind entscheiden können.

Instrumentenauswahl
Die Instrumente, die den Kindern an der Dortmunder Waldorfschule zur Wahl angeboten werden, sind folgende Orchesterinstrumente:
  Streichinstrumente: Geige, Viola, Cello, Kontrabass
  Blasinstrumente: Trompete, Horn, Querflöte, Klarinette

Das Angebot dieser Instrumente ist an der musikpädagogischen Grundannahme orientiert, dass sie für Kinder im Alter von sieben bis acht Jahren geeignet sind. Es gibt sie alle in kindgerechten Größen und Ausführungen. Darüber hinaus sind sie besonders gut geeignet zum gemeinsamen Spiel, weil sie im Ensemble oder im Orchester gut zusammenklingen. Auf diesen Instrumenten ausgebildet, können die Kinder damit später im Schulorchester spielen. Kinder, so die weitere Annahme, empfinden diese Orchesterinstrumente (etwa im Unterschied zur Blockflöte) als „richtige" Instrumente; dies betont die Ernsthaftigkeit ihres Instrumentalspiels und erhöht die Motivation für ihr Lernen.

Instrumentenwahl
Die Kinder wählen selbst aus den angebotenen Musikinstrumenten dasjenige aus, welches sie lernen möchten. Die freie Instrumentenwahl durch die Kinder ist ein Kernelement des Projektes. Sie geht von der Annahme aus, dass sich dadurch die Verbundenheit mit dem Instrument erhöht und so zur Motivation und Nachhaltigkeit beiträgt. Dass Kinder am Ende der ersten Klasse die Fähigkeit haben, diese Instrumentenwahl selbständig durchzuführen, wird aufgrund eigener musikpädagogischer Erfahrungen der Projektinitiatoren vorausgesetzt.

Instrumentenkarussell
In einem Instrumentenkarussell stellen die Instrumentallehrer alle Instrumente an zwei Vormittagen nacheinander vor. Unterstützt durch eine Schautafel mit den vorgestellten Instrumenten können sich die Kinder innerhalb von 14 Tagen für ein Instrument entscheiden. Die Rahmenbedingungen für die Instrumentenwahl setzen voraus, dass die kurze Einführungsphase für die einzelnen Instrumente und die Aufeinanderfolge von je vier Streich- und vier Blasinstrumenten ausreichend und geeignet sind, Kindern die Grundlage für ihre Instrumentenwahl zu bieten. Die Schautafel soll die Erinnerung an die zumeist bis dahin unbekannten Instrumente stützen und als Grundlage für Entscheidungsgespräche mit den Eltern zu Hause hilfreich sein.

Begleitende Elternarbeit
Begleitet wird die Instrumentenwahl durch einen Elternabend, auf dem das Projekt und die Instrumentallehrer vorgestellt werden. Die Eltern erhalten dort die Gelegenheit, die Instrumente kennen zu lernen und mit den Instrumentallehrern über deren besondere Eigenheiten zu sprechen. Weitere Elternabende und Elternbriefe informieren die Eltern fortlaufend über das Projekt und beziehen sie ein.

Zeitliche Struktur des Instrumentalunterrichts
Beginnend mit der zweiten Klasse findet der Unterricht an zwei Tagen in der Woche – Dienstag und Donnerstag – in der dritten und vierten, in der dritten Klasse dann nach der vierten Unterrichtsstunde, statt und dauert jeweils 30 Minuten. Rhythmus und Dauer des Unterrichts sind an den entwicklungsbedingten Voraussetzungen der Kinder ausgerichtet: Eine halbe Stunde Unterricht entspricht dem Konzentrationsvermögen von Kindern der Grundschulstufe; durch zwei Einheiten in der Woche mit einem oder zwei Tagen Pause kann das Erlernte zeitnah wiederholt werden und sich so fundierter festigen als mit nur einer Unterrichteinheit in der Woche.

Gruppenunterricht
Der Instrumentalunterricht findet in festen Gruppen mit drei bis vier Kindern statt. Als Gruppe können Kinder spielerisch miteinander den Anfangsunterricht erleben und sie können gemeinsam die neuen Schritte einüben und voneinander lernen. Die Gemeinschaft mit den vertrauten Klassenkameraden erhöht die Motivation und Spielfreude. Die Kinder können kleine Stücke von Anfang an gemeinsam spielen. Dazu dürfen die Gruppen aber nicht größer sein, weil der Lehrer sonst zu wenig Zeit und Aufmerksamkeit für die einzelnen Kinder aufbringen kann. Der Instrumentalunterricht findet für jede Klasse zeitgleich in parallelen Gruppen statt, so dass während der Unterrichtszeit die Möglichkeit zum gemeinsamen Musizieren mehrerer Gruppen besteht.

Öffentliche Aufführungen
Während der Projektzeit gibt es mehrere öffentliche Aufführungen, bei denen die Kinder in der Schulaula gemeinsam die gelernten Lieder und Stücke vorführen. Die Kinder üben das schulöffentliche Vorspielen in kleineren Ensemblegruppen und im Orchesterverband. Das erste Konzert findet wenige Monate nach Projektbeginn kurz vor Weihnachten statt.
    Die öffentlichen Aufführungen sollen als Zielpunkte für das Üben der Kinder und das gemeinsame Zusammenspiel dienen; damit können die Kinder ihre Lernfortschritte auch nach außen zeigen, die zur Motivation des Instrumentenlernens beitragen können: somit stellen sie Höhepunkte im Verlauf der beiden Projektjahre dar.

2 Anlage und methodisches Vorgehen der wissenschaftlichen Begleituntersuchung

2.1 Forschungsdesign

Die Leitfragen für die wissenschaftliche Begleituntersuchung sind:

- Wie bewährten sich die konzeptionellen Grundannahmen in der Praxis?
- Welche Erfahrungen machten die verschiedenen am Projekt beteiligten Personen?

Um dem prozesshaften Geschehen gerecht zu werden, das die Durchführung des Musikprojektes in einer Schule bedeutet, wurde die empirische Begleituntersuchung als Längsschnittstudie angelegt. Die zeitliche Dauer orientierte sich dabei am Ablauf eines vollständigen Projektzyklus über drei Jahre, angefangen mit der Vorbereitung (Information der Lehrer und Eltern einer Jahrgangsstufe; Instrumentenwahl) in der ersten Klasse bis zum Abschlusskonzert und der Abgabe der Leihinstrumente am Ende der dritten Klasse.

Bereits bei den ersten Datenerhebungen wurde deutlich, dass sowohl die Projektleitung als auch die beteiligten Eltern und Pädagogen vielfach auf implizites Erfahrungswissen und zum Teil unerschlossenes Expertenwissen zurückgegriffen haben. Um diese impliziten Kenntnisse und Bewertungen zu erfassen, wurden Verfahren gewählt, die die Möglichkeit einer offenen Selbstexploration begünstigen. Dazu ist besonders das offene narrative Interview (Schütze 1983) geeignet, weil hier die Genese des erfahrungsbasierten Expertenwissens und der (Alltags-)Theoriebildung vor dem Hintergrund der erzählten Erlebnisse und Erfahrungen nachvollzogen werden kann.

Teilnehmende Beobachtungen durch die Forschergruppe bilden eine weitere Grundlage für eine Zugangsweise zu den Phänomenen, die im Verlauf des Musikprojektes bedeutsam sind: Dieses Verfahren ermöglicht es, auf der Grundlage eigener Anschauung und Erfahrung auch solche Phänomene in den Blick zu bekommen, die durch die Interviewpartner aufgrund ihrer großen Nähe zum Projekt möglicherweise nicht (mehr) mitgeteilt werden. Beobachtungsprotokolle verschiedener Beobachter als Grundlage der Datenanalyse ermöglichen dabei eine mehrperspektivische Zugangsweise. (Zum Verfahren der teilnehmenden Beobachtung vgl. z.b. Lamnek 2003, 547-640)

Das gesamte Projektdesign orientiert sich am Verfahren der Grounded Theory (Glaser und Strauss 1967, Corbin und Strauss 1996, Strauss 1998). Diese sieht ein zugleich offenes wie regelgeleitetes, vor allem aber strikt am Forschungsgegenstand orientiertes methodisches Vorgehen vor, bei dem Datenerhebung und Datenanalyse spiralförmig verbunden sind: Aus der Auswertung der ersten Daten werden die nächsten Erhebungsschritte entwickelt und durchgeführt, deren Analyse führt zur Planung der nächsten Datenerhebung und so weiter. Die Analyse folgt dem in der Grounded Theory vorgesehenen Kodierparadigma, d.h. die einzelnen Phänomene werden analysiert hinsichtlich verschiedener Aspekte: „den Bedingungen, der Interaktion zwischen den Akteuren, den Strategien und Taktiken, den Konsequenzen." (Strauss 1998, 57; vgl. auch Strübing 2004, 26)

Kodierparadigma nach Strauss

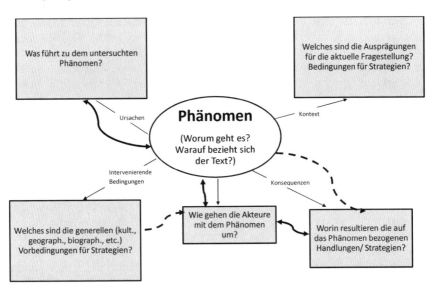

Kodierparadigma nach Strauss, in Strübing 2004, 27

Zusätzlich zur Erhebung und Analyse qualitativer Daten sollten einige Kennzahlen sowie quantitative Aussagen zu wesentlichen Projektelementen erhoben werden, um Indikatoren für die Beteiligungen am Projekt, die Instrumentenwahl der Kinder und die Verteilungen von Bewertungen einzelner Projektelemente durch die Eltern zu erhalten.

2.2 Forschungsethische Überlegungen

Die Durchführung von Forschungen in Schulen unter Beteiligung von Kindern ist ein besonders sensibler Bereich und erfordert in erhöhtem Maße die Berücksichtigung forschungsethischer Überlegungen und Entscheidungen.

„Wissenschaftliche Forschung und der Einsatz von Forschungsmethoden sind nicht ethisch neutral, denn sie bewirken an ihrem Forschungsgegenstand eine Veränderung, die ohne ihr Zutun nicht auftreten würde. Diese Veränderungen können (aber müssen nicht notwendigerweise) zu unerwünschten Nebenfolgen führen, und zwar im Hinblick auf die Wahrheit der zu erzielenden Ergebnisse sowie auf die Verletzlichkeit der an der Forschung beteiligten Personen. Diese beiden Punkte verweisen aufeinander, wenn man davon ausgeht, dass es im Bereich der Forschung keine ethikfreie Wahrheit geben kann." (Schnell und Heinritz 2006, 19).

Die Erhebung der Daten wie die Präsentation der Ergebnisse orientierten sich deshalb immer an der Maßgabe der Rücksicht auf die beteiligten Kinder und Erwachsenen. Vor allem sollte die Erforschung der Kinder im Rahmen des Musikprojektes sie auf keinen Fall in ihrem selbstverständlichen Tun stören. Interviews mit Kindern wurden deshalb erst am Ende der dritten Klasse (und nicht bereits in der ersten und zweiten Klasse) und in Anwesenheit ihrer Mütter durchgeführt, wobei große Sorgfalt auf altersentsprechende Fragen gelegt wurde. So wurden die Kinder z.B. nicht danach gefragt, wie sie ihre Instrumentallehrer beurteilen, weil eine solche Frage ihr Verhältnis zu den Lehrern beeinträchtigen könnte.

Die Durchführung von teilnehmenden Beobachtungen während des Projektes erschien hingegen ethisch vertretbar: Die Kinder waren Besuche von Praktikanten und Hospitanten im Unterricht wie auch im Rahmen des Musikprojektes gewohnt und fühlten sich nicht in besonderer Weise im Fokus der Aufmerksamkeit.

Die Daten zu den Erlebnissen und Erfahrungen der Kinder, den Motiven für ihre Instrumentenwahl und die Zufriedenheit mit dem gewählten Instrument wurde durch größtenteils offene Fragen in den Fragebögen von den Eltern erhoben.

Da der Untersuchungsort – die Rudolf Steiner Schule Dortmund – bekannt ist, müssen besondere Vorkehrungen getroffen werden, die Anonymität der Untersuchungsteilnehmer zu gewährleisten. Dies gilt für die Kinder und Eltern, aber auch für die beteiligten Mitarbeiter der Schule. Da deren Identifizierung durch Menschen aus dem Umkreis der Schule schon allein durch die Angaben ihrer genauen Tätigkeiten und Funktionen möglich wäre, wurde darauf verzichtet, sie in diesem Bericht zu benennen. Sie werden stattdessen alle als „Pädagogen" bezeichnet. Forschungsethische und datenschutzrechtliche Standards für die Durchführung empirischer Forschungsprojekte wurden selbstverständlich eingehalten. Dazu gehörten die Information über das Projekt und die Zustimmung zur Durchführung der wissenschaftlichen Begleitforschung an der Schule durch die Lehrerkonferenz, die Klassenlehrer und die Eltern sowie schriftliche Informationen über Inhalt, Ziel und Verwendung der Daten und das Einholen einer schriftlichen Einverständniserklärung von jedem Interviewpartner.

2.3 Methodische Forschungsschritte und Datenmaterial

Der Erhebungszeitraum für die Durchführung der Langzeitstudie erstreckte sich von 2003 bis 2007 (mit Nacherhebungen in den Jahren 2008 und 2009). In dieser Zeit wurde das Projekt über einen vollständigen Projektzyklus begleitet, der von den beiden Parallelklassen des Einschulungsjahrganges 2003 mit insgesamt 75 Schülerinnen und Schülern durchlaufen wurde. Dieser Projektzyklus war der zweite an der Dortmunder Schule, nachdem ein Jahr zuvor die damaligen zweiten und dritten Klassen gleichzeitig mit dem Projekt begonnen hatten.

Die Schülerinnen und Schüler der beobachteten Kohorte wählten am Ende der ersten Klasse, im Juni 2004, ihre Instrumente, erhielten in den beiden folgenden Schuljahren Instrumentalunterricht im Rahmen des Projektes und beendeten das Projekt am Ende der dritten Klasse (2006). Die Eltern und die Lehrer waren vor der Instrumentenwahl über das Projekt schriftlich informiert worden; auf Konferenzen bzw. Elternabenden wurde ausführlich über das Projekt gesprochen.

Narrative Experteninterviews mit der Projektleiterin Mirjam Schieren
Über die Konzeption des Musikprojektes und zu den Erfahrungen und Hintergründen seines Verlaufes wurde in jedem Jahr ein ausführliches narratives Interview mit der Projektleiterin geführt. Während der gesamten Projektzeit fanden fortlaufend Gespräche mit ihr statt, in denen die Fragen, die sich aus der Auswertung der erhobenen Daten ergaben, besprochen wurden. Die Interviews wurden vollständig transkribiert, die Gespräche schriftlich protokolliert.

Interviews mit den Pädagogen und den Instrumentallehrern
Mit den beiden *Klassenlehrerinnen* sowie verschiedenen an der Schule tätigen *Pädagogen* wurden in jedem Jahr narrative Interviews geführt, in denen sie nach ihren Erfahrungen mit dem Musikprojekt, nach den Erfahrungen der Kinder aus ihrer Sicht sowie nach ihrer Bewertung gefragt wurden. Um den Fragen eines möglichen Spannungsverhältnisses zwischen der Konzeption des Musikprojektes und einem waldorfpädagogisch orientierten Musikunterricht nachzugehen, wurden dabei auch mehrere Pädagogen interviewt, die als Kritiker des Projektes galten. Ziel dieser Interviews war es, mögliche Kritikpunkte und deren Begründungen zu erfassen und die Erfahrungen der „Kritiker" zu erheben.

Bei den Interviews mit den *Instrumentallehrern* ging es vor allem um ihre musikpädagogischen Hintergründe und ihre Erfahrungen mit dem Musikprojekt. In vier Interviews wurden *Eltern und Kinder* nach ihren Projekterlebnissen und -erfahrungen befragt. Bei der Auswahl wurde nach „interessanten Fällen" gesucht (Projektabbrecher, besonders „musikferne" wie „musiknahe" Elternhäuser, Familien mit mehreren Geschwistern, die am Projekt teilnahmen).

Die vollständigen Transkriptionen der Interviews dienten als Grundlage für die Datenanalyse. Im vorliegenden Bericht werden die Ergebnisse der Analysen zusammengefasst. Einen exemplarischen Einblick in die methodische Vorgehensweise gibt die Interpretation verschiedener Daten zum Thema „Instrumentenwahl der Kinder" im 4. Kapitel.

Schriftliche Protokolle von Beobachtungssituationen
Über die gesamte Projektzeit wurden fortlaufend teilnehmende Beobachtungen durchgeführt: Während der Tage des Instrumentenkarussells, bei den Treffen der Instrumentallehrer, auf Elternabenden, bei den Konzerten, bei den Treffen der Projektarbeitsgruppe (bestehend aus Pädagogen der Schule und der Projektleiterin.) Um möglichst vielfältige Perspektiven zu erhalten und Einseitigkeiten zu vermeiden, beteiligten sich an den Beobachtungen auch die Mitglieder der Forschungsgruppe sowie im Rahmen von Lehrforschungsseminaren Studierende der Alanus Hochschule und des Lehrerseminars Witten-Annen. Zwei ausführliche Beobachtungsprotokolle von Adelheid Jorberg und Alexandra Hanussek finden sich im Abschnitt über das Instrumentenkarussell (4.2.2).

Beobachtung des Instrumentalunterrichts
Im Verlauf des Projektes besuchte ich mehrmals den Instrumentalunterricht verschiedener Gruppen. Die fortlaufende teilnehmende Beobachtung des Instrumentalunterrichts konnte allerdings nur eingeschränkt realisiert werden: Irritationen und Verunsicherungen durch die Anwesenheit eines Beobachters beeinflussten das Untersuchungsfeld – die Unterrichtsstunde – und störten in einigen Fäl-

len den Ablauf des Unterrichts. Das erfuhr auch Hans Günter Bastian in seiner Berliner Musikstudie: „Systematische Unterrichtsbeobachtung wirft …enorme (forschungs-)ethische Probleme auf, die wir weder unseren Lehrerinnen noch den Schülern zumuten wollten und konnten: permanente Beobachtung und Beurteilung, Verlust der Intimsphäre, auch von unterrichtlicher Kreativität und Spontaneität, psycho-physische Dauerbelastung durch langfristige Supervision u.a.m. Im Übrigen ginge die Anonymität der Untersuchung verloren, so dass unsere Studie allein aus datenschutzrechtlichen Gründen gescheitert wäre." (Bastian und Kormann 2008, S. 48)

Schriftliche Protokolle von Arbeitstreffen im Rahmen des Projektes
Während der Projektzeit war es mir möglich, an den Arbeitstreffen der Instrumentallehrer teilzunehmen, die Diskussionen – nach Absprache mit den Teilnehmern – zu protokollieren und Fragen zu stellen. Dabei konnten viele Hintergrundinformationen zu Fragen der Projektabstimmungen, aber auch zu kritischen Punkten gewonnen werden.

Fragebogenerhebungen
Die Eltern der beteiligten Parallelklassen wurden insgesamt dreimal gebeten, einen Fragebogen auszufüllen (die Fragebögen finden sich im Anhang):
Fragebogen 1 (FB1 – Juni 2004): Am Ende des ersten Schuljahres, nachdem die meisten Kinder nach erfolgtem Instrumentenkarussell ihre Instrumente gewählt hatten. Der Schwerpunkt dieser Fragebogenerhebung lag auf dem Prozess und den Hintergründen der Instrumentenwahl der Kinder.
Fragebogen 2 (FB2 – Juni 2005): Am Ende des zweiten Schuljahres nach Ablauf des ersten Projektjahres. Der Schwerpunkt der Befragung lag hier auf den Erfahrungen, die Kinder und Eltern im ersten Projektjahr gemacht hatten, auf der Nachhaltigkeit der Instrumentenwahl und der Zufriedenheit damit.
Fragebogen 3 (FB3 – Juni 2006): Am Ende des dritten Schuljahres zu Projektende im Juni 2006. Der Schwerpunkt lag hier auf einer rückblickenden Bewertung der beiden Projektjahre, auf der Nachhaltigkeit der Instrumentenwahl und der geplanten Entscheidung für oder gegen einen zukünftigen Instrumentalunterricht.
Die Fragebögen wurden, jeweils mit einem Begleitschreiben (siehe Anhang) versehen, über die Klassenlehrerinnen den Eltern zugestellt und über diese auch zurückgeschickt. Möglicherweise wäre bei einem Postversand mit frankiertem Rückumschlag der Rücklauf vor allem im zweiten und dritten Projektjahr höher ausgefallen; aber aus Datenschutzgründen war es nicht zulässig, die Adressen der Eltern zu erhalten.

Obwohl es den Eltern freigestellt war, den Fragebogen anonym auszufüllen, waren bis auf zwei alle mit den Namen der Kinder versehen. Auf diese Weise konnten die Kinder identifiziert werden, über die zwei oder drei Fragebogenauskünfte im Erhebungszeitraum vorlagen und so Vergleiche hinsichtlich der Replikationsfragen angestellt werden. Die Fragebögen wurden nummeriert und mit „J" für Junge und „M" für Mädchen gekennzeichnet (z.b. FB1, Nr. 3M).

Obwohl auch die Eltern, deren Kinder nicht am Instrumentalprojekt teilnahmen, ausdrücklich gebeten wurden, den Fragebogen auszufüllen, liegt nur ein einziger Fragebogen von zwei „Nicht-Teilnehmern" – zwei Geschwistern – vor. Zur Kompensation der fehlenden Informationen über die nicht-teilnehmenden Kinder wurden Informationen von den Klassenlehrerinnen und der Projektleiterin eingeholt, wobei hier vor allem die Gründe für die Nicht-Teilnahme interessierten.

Rücklauf der Eltern-Fragebögen

1. Fragebogen Juni 2004:	Klasse 1a):	18	(von 37 Schülern)
	Klasse 1b):	13	(von 38 Schülern)
2. Fragebogen Juni 2005:	Klasse 2a):	8	
	Klasse 2b):	11	
3. Fragebogen Juni 2006:	Klasse 3a):	11	
	Klasse 3b):	5	

Insgesamt liegen 39 Fragebögen mit Auskünften zu 40 Schülerinnen und Schülern vor, d.h. für 65 % der Projektbeteiligten liegt mindestens ein Fragebogen vor. Von 18 Projektkindern liegen Auskünfte über mindestens zwei Erhebungszeitpunkte und von 8 Kindern Auskünfte über alle 3 Erhebungszeitpunkte vor, so dass hier Prozesse in den Erfahrungen und Bewertungen einzelner Kinder und Eltern über den Projektzeitraum hinweg verfolgt werden können.

Fragebogenerhebung mit Schülern

Im Jahr 2008 wurde eine Fragebogenerhebung in der fünften Klasse mit den Schülern der Untersuchungskohorte mit dem Ziel durchgeführt, Daten über die Nachhaltigkeit des Projektes hinsichtlich ihres weiteren Instrumentalspiels zu erhalten. Dabei konnte allerdings nur ein Teil der ehemaligen Musikprojektteilnehmer erreicht werden, so dass die Ergebnisse lediglich Tendenzen abbilden können.

Rückmeldungen von Projektergebnissen im Sinne einer formativen Evaluation
Rückmeldungen an die Projektleiterin fanden im Laufe der wissenschaftlichen Begleituntersuchung des Dortmunder Musikprojektes fortlaufend statt. „Formative Evaluation verfolgt das Ziel, die Programmdurchführung zu optimieren und die Programmdurchführung zu verbessern ... sie richtet sich an diejenigen Personen, die mit der Programmkonzeption und -durchführung befasst sind" (Gollwitzer und Jäger 2009, 217). Auffallende Beobachtungen und besondere Ergebnisse der Fragebogenerhebungen wurden der Projektleiterin und im Rahmen der Besprechungen auch den Instrumentallehrern mitgeteilt. Diese führten vereinzelt zu Veränderungen des Projektablaufs. Beispiele:

▪ Ermüdungserscheinungen der Kinder im Verlauf des Instrumentenkarussells: im folgenden Jahr 2005 wurden 10 Instrumente vorgestellt, jeweils 5 an zwei Vormittagen. Die Zeit des Instrumentenkarussells wurde über die ersten beiden Schulstunden hinaus um eine weitere Stunde verlängert, so dass die Kinder nach der Vorstellung der ersten drei Instrumente eine große Pause hatten. Dieses Vorgehen – das zeigten teilnehmende Beobachtungen – verbesserte deutlich das Konzentrationsvermögen der Kinder.
▪ Eine Mutter hatte im 1. Fragebogen einen längeren Kommentar zur Instrumentenwahl geschrieben, in dem sie auf die Schwierigkeiten verwies, die ihre Tochter mit der Wahl hatte. Die in diesem Kommentar geäußerte Bitte um Beratung durch die Projektleiterin wurde dieser weitergegeben, die sich mit der Mutter in Verbindung setzte.

Ergänzende Daten
Interviews mit Erwachsenen (Musikern und Laien) sowie Autobiographien von Musikern dienten als ergänzende Hintergrunddaten zur Frage der musiksozialisatorischen Bedingungen und der Auswirkungen auf die jeweiligen musikbiographischen Verläufe. Die Auswertung dieser Teilstudie kann im vorliegenden Bericht nur knapp skizziert werden.

3 Realisierung des Projektes an der Dortmunder Waldorfschule

3.1 Die einzelnen Schritte des Musikprojektes

In der folgenden Dokumentation werden – in chronologischer Folge – die einzelnen Schritte dargestellt, die das Musikprojekt im Laufe seiner zweijährigen Dauer durchläuft. Zugleich beschreibt sie die äußeren Projektbedingungen von der ersten Information an die Eltern, der Instrumentenwahl, dem Instrumentalunterricht und den öffentlichen Aufführungen bis zur Abgabe der Instrumente am Projektende. Eine Übersicht mit der genauen zeitlichen Abfolge der einzelnen Projektschritte im Untersuchungszeitraum dieser Studie an der Dortmunder Waldorfschule findet sich im Anhang.

Abstimmung mit den Klassenlehrern
Bereits zu Beginn des Schuljahres erhalten die Klassenlehrer der ersten Klassen ein Informationsschreiben zum geplanten Ablauf des Musikprojektes. Verabredungen über Elternabende zum Musikprojekt werden getroffen und regelmäßige Absprachen über Termine des Projektablaufs (Instrumentenkarussell; Konzerte) finden statt.

Informationen der Eltern über das Musikprojekt
Durch die frühzeitige und umfassende Information der Eltern über das Musikprojekt sollen diese ausreichend Gelegenheit bekommen, ihre Entscheidung gründlich vorzubereiten, ob sie ihr Kind am Projekt teilnehmen lassen wollen oder nicht. Sie werden über die organisatorischen und ökonomischen Rahmenbedingungen informiert und haben auf Elternabenden Gelegenheit, Fragen zu klären (z.B. „Welches Instrument für welches Kind?"). Da der Erfolg des Instrumentalspiels auch von der stützenden Begleitung durch die Eltern abhängt, werden ihnen die notwendigen Hinweise z.B. zum Üben gegeben und erörtert (s. Anhang: Projektinformation Nr. 8). Die Projektleiterin bietet zusätzlich an, für individuelle Beratungen während der gesamten Projektzeit zur Verfügung zu stehen. Beratung bieten auch die einzelnen Instrumentallehrer hinsichtlich der Instrumentenwahl und des Unterrichts der Kinder an.

Das Instrumentenkarussell
Gruppen mit jeweils drei bis vier Kindern einer Klasse gehen zweimal an einem Vormittag in den ersten beiden Unterrichtsstunden (Hauptunterricht) nacheinander zu den Instrumentallehrern, die in verschiedenen Schulräumen auf die Kinder warten. Innerhalb von jeweils etwa 20 Minuten werden den Kindern die Instrumente präsentiert und die ersten Schritte ihrer Handhabung beigebracht. Als Erinnerungshilfe erhalten sie eine Schautafel mit den Instrumenten. Innerhalb der nächsten 14 Tage sollen sie sich für ein Instrument entscheiden.

Elternabend zur Instrumentenwahl
Abgeschlossen wird die Instrumentenwahl durch einen Elternabend, auf dem die Instrumentallehrer vorgestellt werden. Die Eltern erhalten die Gelegenheit, die Instrumente und die jeweiligen Instrumentallehrer kennen zu lernen; außerdem erhalten sie alle wichtigen Informationen zum Musikprojekt von der Projektleiterin und haben Gelegenheit, Fragen zu stellen.

Vertragsabschluss und Organisation des Instrumentalunterrichts
Vor den Sommerferien werden die Verträge zwischen den Eltern und der Leitung des Musikprojektes abgeschlossen. Bis zum Schuljahresbeginn werden die Instrumente beschafft, die Lerngruppen zusammengestellt und die notwendigen Instrumentallehrer engagiert.

Elternbeiträge
Für die Teilnahme am Musikprojekt bezahlen die Eltern einen monatlichen Beitrag, mit dem die Kosten für den Instrumentalunterricht, die Instrumentenmiete und -versicherung abgedeckt werden. Familien, die die Gebühren nicht oder nicht in voller Höhe bezahlen können, erhalten die Möglichkeit, Zuschüsse aus einem Stipendienfonds bei der Projektleitung zu beantragen.

Instrumentalunterricht
Beginnend mit der zweiten Klasse findet an zwei Tagen in der Woche der Unterricht statt; der Unterricht dauert jeweils ca. 30 Minuten. Während der beobachteten Projektphase an der Dortmunder Waldorfschule fand er nach der vierten Unterrichtsstunde (der zweiten Fachstunde) statt. Kinder, die auf ihren Unterrichtsstunde warteten oder keinen Unterricht hatten, wurden so lange von Lehrern der Schule betreut.

Öffentliche Aufführungen
Die erste öffentliche Aufführung findet etwa drei Monate nach Projektbeginn, kurz vor Weihnachten, statt. Vorher üben die Kinder zunächst in ihren Gruppen, dann gruppenübergreifend im Orchester. Im Frühjahr gibt es in der Regel ein Frühjahrskonzert; weitere Auftritte haben die Kinder im Laufe des Schuljahrs beispielsweise zum Sommerfest oder zum Herbstbasar. Am Ende der dritten Klasse wird das Musikprojekt mit einem großen Abschlusskonzert beendet. Dann endet der Unterricht im Rahmen des Musikprojektes und die Leihinstrumente müssen wieder abgegeben werden.

Fortsetzung des Instrumentalspiels nach Projektende
Mitarbeiter des Projektes beraten und unterstützen die Kinder und deren Eltern bei der Entscheidung für einen weiteren Instrumentalunterricht (Wahl des Instruments, Instrumentallehrer, Gruppen- oder Einzelunterricht). Im Rahmen des Schulunterrichts ab der vierten Klasse sollte Ensemblespiel unter Anleitung eines Musiklehrers der Schule oder eines Instrumentallehrers des Musikprojektes angeboten werden. In den folgenden Klassen sollte die Schule verschiedene alters- und leistungsdifferenzierte Schulorchester durchführen.

3.2 Schülerbeteiligung am Musikprojekt

Wie groß war die Beteiligung der beiden Parallelklassen im beschriebenen Untersuchungszeitraum?

Von den insgesamt 75 Schülern des Einschulungsjahrgangs 2003/04 nahmen zu Beginn der zweiten Klassen 60 am Musikprojekt teil. Aufgeteilt auf die beiden Klassen war die Beteiligung am Projekt folgendermaßen:

In der A-Klasse: 27 von 37 Schülern
In der B-Klasse: 33 von 38 Schülern

Teilnehmer am Musikprojekt der beiden untersuchten Parallelklassen und
Verteilung der Instrumente

Verteilung der Musikinstrumente und Projektteilnahme der Schüler					
	Klasse a	Klasse b	Insgesamt	Mädchen	Jungen
Geige:	7	7	14	11	3
Bratsche:	0	3	3	0	3
Cello:	4	1	5	3	2
Kontrabass:	3	3	6	1	5
Querflöte:	4	6	10	10	-
Klarinette:	2	1	3	1	2
Trompete:	4	9	13	2	11
Horn:	1	1	2	1	1
Ensemble:	2	2	4	3	1
Projektteilnehmer:	27	33	60	32	28
Nicht-Teilnehmer:	10	5	15		
Schüler insgesamt:	37	38	75		

Im Rahmen der wissenschaftlichen Begleituntersuchung interessierten besonders
auch die Begründungen, warum Kinder nicht am Projekt teilnahmen. Diese wurden vor allem durch die Befragungen der Klassenlehrerinnen und der Projektleiterin ermittelt; für zwei Kinder liegt auch ein Fragebogen der Eltern vor.
Es kristallisierten sich vor allem die folgenden Gründe heraus, warum Kinder
nicht am Musikprojekt teilnahmen:

- Das Kind lernte bereits ein Instrument außerhalb der Schule.
- Das gewünschte Instrument war nicht im Repertoire des Musikprojekts
  (Leier, Klavier, Schlagzeug).
- Das Kind sollte noch kein Instrument lernen, sondern erst später.
- Die Kosten für das Musikprojekt waren den Eltern zu hoch, vor allem wenn
  dies mehrere Geschwisterkinder betraf.

In einzelnen Fällen wechselten die Kinder im Verlauf des Projektes ihr Instru-
ment. Diese Wechsel konnten nach Beratung mit den Eltern und den Instrumen-
tallehrern problemlos durch Instrumenten- und Gruppenwechsel innerhalb des
Projektes realisiert werden.
    Um die Erfahrungen von Kindern aus musikfernen Elternhäusern mit dem
Erlernen eines Instrumentes im Rahmen des Musikprojektes zu erheben, wurden
drei Eltern-Kind-Interviews durchgeführt (als Kontrast diente das vierte Eltern-
Kind-Interview in einer musikalisch besonders aktiven Familie). Außer den
Projektkindern der untersuchten Parallelklassen lernten auch deren Geschwister

ein Instrument im Rahmen des Projektes. Die befragten Eltern äußerten sich alle sehr zufrieden mit dem Projekt und betonten, dass dadurch der Instrumentalunterricht für ihre Kinder erleichtert, wenn nicht überhaupt erst möglich geworden sei. Sie schätzten besonders die große Offenheit dieses pädagogischen Angebots. In einer Familie hatte die Schwester privaten Einzelunterricht. Für das „Projektmädchen", die keine so ausgeprägte musikalische Begabung wie die Schwester zeigte, ermöglichte nach Meinung der Mutter das Musikprojekt einen Zugang zum Instrumentalspiel: erste Erfahrungen mit einem Instrument, die Freude daran und die Freude am Zusammenspiel mit anderen stünden hier im Vordergrund und nicht so sehr der musikalische Ehrgeiz.

Projektteilnahme im Verlauf der zwei Jahre

Die meisten Kinder blieben während der gesamten Projektzeit aktiv dabei. Lediglich 5 der 60 Kinder, die sich zu Beginn im Musikprojekt angemeldet hatten, beendeten vorzeitig im Laufe der beiden Jahre ihre Teilnahme.

Ein Junge wurde von den Eltern abgemeldet, weil er die physischen Voraussetzungen für das gewählte Instrument (Horn) noch nicht erfüllte und sie den Eindruck hatten, er sei insgesamt mit dem Instrumentalspiel noch überfordert.

Drei Kinder wechselten vom Gruppenunterricht im Projekt zu privatem Einzelunterricht, weil sie unzufrieden mit den Lernfortschritten in den heterogenen Gruppen waren. Sie beteiligten sich aber an den öffentlichen Aufführungen.

Ein Junge, der bereits zuvor mehrere erfolglose Anläufe zum Instrumentalspiel gemacht hatte und nun offenbar vor allem auf Wunsch der Mutter im Rahmen des Projekts ein neues Instrument erlernen sollte, widersetzte sich diesem Vorhaben und störte erheblich den Gruppenunterricht. Nach Beratung mit der Mutter beendete er die Projektbeteiligung.

Zusammenfassend kann festgestellt werden: Das Projektziel, möglichst viele Kinder für die Teilnahme zu gewinnen, wurde erreicht, etwa 80 % der Schülerinnen und Schüler in den beiden ersten Klassen entschieden sich zum Mitmachen. Bis auf wenige Ausnahmen blieben alle Kinder über die gesamte Laufzeit von zwei Jahren im Musikprojekt.

Einige Kommentare der Eltern aus den Fragebögen zum Musikprojekt:

„Ich finde es sehr gut (das Projekt), so hat jedes Kind die Möglichkeit ein Instrument zu spielen." (FB1, Nr. 3M)
„Ich finde es ein tolles Projekt, ohne dass unser Kind niemals auf den Kontrabass gekommen wäre!" (FB1, Nr. 6J)

„Wir finden dieses Projekt sehr gut und eine gute Chance für M. zu testen ob sie wirklich ein Instrument lernen möchte." (FB1, Nr. 16M)

„Ein sehr gutes Projekt, Kindern die Musik/Instrumente nahe zu bringen; ohne gro-ßen Aufwand mehr Instrumente als „nur" die Flöte kennen zu lernen; praxistaug-lich, da Unterricht direkt nach Schulschluss erfolgt (kein zusätzlicher Zeitauf-wand)." (FB1, Nr. 22M)

„Tolle Idee; ein „kleiner Haken" (keine Kritik, da ich nicht einschätzen/vergleichen kann sondern subjektive Tatsache) der finanzielle Aspekt." (FB1, Nr. 20M)

„Wir haben sehr gute Erfahrungen gemacht. Unsere älteste Tochter hat viel Freude am Musikprojekt und spielt jetzt privat weiter. Die Konzerte der Kinder waren wich-tige Elemente, die viel Spaß gemacht haben." (FB1, Nr. 18M)

„Für M. ist aufgrund ihres Charakters der Einzelunterricht erstmal besser, sehr schön ist es aber, dass sie bei den Konzerten ihrer Klasse mitmachen kann, da über den gleichen ‚Lehrer' Kontakt besteht. Mittlerweile traut M. sich nun auch zu mit den anderen Flötenkindern zu spielen." (FB2, Nr. 37M)

„Unterricht in kleinen Gruppen à 3-4 Kinder finde ich gut! Man lernt das Zusam-menspiel, Rücksicht auf die anderen Teilnehmer, man kann sich an den anderen ori-entieren und hat mehr Spaß. M. fühlt sich wohl und hat Spaß am Lernen des Instru-mentes mit Freunden." (FB2, Nr. 33M)

„M. ist begeistert von ihrer Lehrerin. Manchmal ärgert sie sich, weil die Lehrerin mit „den Jungs" schimpfen muss." (FB2, Nr. 2M)

Und der zusammenfassende Kommentar einer Mutter zum Projekt und den posi-tiven Auswirkungen auf ihre Kinder:

„Musik ist etwas für Herz und Seele, das verbindet und stärkt." (Eltern-Kind-Interview 2006)

3.3 Fortsetzung des Instrumentalunterrichtes nach Ablauf des Projektes

Das Musikprojekt sieht vor, dass die Kinder (und ihre Eltern) nach zwei Jahren entscheiden können, welches Instrument sie in Zukunft weiterlernen möchten. Im Laufe des letzten Projektjahres wurden die Eltern mehrfach auf diese Ent-scheidung nach Projektende hingewiesen. Die Projektleiterin und die Instrumen-tallehrer boten Beratungen an, damit die notwendigen Schritte (Instrumentenkauf oder -ausleihe; Suche nach einem geeignetem Instrumentallehrer) vorbereitet werden konnten.

Im dritten Fragebogen zum Projektende (FB3/2006, Fragen 15 und 16) wurden die Eltern nach der Zukunftsperspektive für den Instrumentalunterricht der Kinder gefragt. Es liegen Fragebögen von insgesamt 16 Kindern vor, darunter waren zwei, die nicht am Projekt beteiligt waren. Diese wollten ihr Instrument weiterhin privat weiter lernen.

Für die 14 am Projekt beteiligten Schüler liegen folgende Aussagen vor:

▪ Drei Schüler wollten den Instrumentalunterricht wenigstens vorläufig beenden:
Ein Junge, der Kontrabass gewählt hatte, den er zwar als „sein" Instrument charakterisiert hatte, aber mit dem er dennoch „nicht warm" werden konnte. Zudem bereitete ihm das Üben zunehmend Probleme. Die Eltern gingen aber davon aus, dass der Projektunterricht dennoch „etwas gefruchtet hat" (FB3, Nr. 15J). Ein Mädchen, das Geige gewählt hatte, hatte große Probleme mit dem Üben: *„Mein Kind kann sich nicht entscheiden. Sie möchte Geige spielen können, es aber nicht lernen müssen." (FB3, Nr. 33M.* Zum dritten Fall (FB3, Nr. 22M) wurden keine näheren Angaben gemacht.

▪ Elf Kinder wollten den Instrumentalunterricht fortsetzen:
Fünf Kinder wollten dasselbe Instrument bei demselben Lehrer weiterlernen (Geige, Trompete, Cello, zweimal Querflöte).
Vier Kinder wollten weiterhin dasselbe Instrument spielen, aber den Lehrer wechseln (Trompete, Geige, zweimal Querflöte). Begründungen für den Lehrerwechsel waren: Wechsel zum Kinderposaunenorchester und Unterricht beim selben Lehrer wie die anderen Kinder dort; die bisherige Instrumentallehrerin stand zukünftig nicht mehr zur Verfügung; ohne Begründung wurde ein neuer Instrumentallehrer gewählt.

▪ Zwei Kinder wollten nach Projektende ein anderes Instrument spielen:
In einem Fall wechselte des Mädchen von Cello zur Bratsche – also einem Instrument, das eine vergleichbare Klangfarbe und -höhe hat, aber angemessener von der Größe und den Transportproblemen her erschien. Im zweiten Fall stellte sich heraus, dass das Mädchen und das Instrument „nicht zusammen passen", obwohl es die Schülerin selbst gewählt hatte (Geige); deshalb wechselte sie zur Querflöte. In einem dritten Fall passten Kind und Instrument (Geige) nach Ansicht der Eltern gut zusammen, das Mädchen wollte nun aber trotzdem zum Klavier wechseln. Dieses Instrument hatte es bereits vor dem Projekt im „Selbstlerngang" begonnen zu spielen und dies die ganze Zeit über auch unregelmäßig weiter gespielt. Die Eltern hätten sich Klavier auch als Musikprojektinstrument gewünscht.

Die Antworten der Fragebögen erfassen zwar nicht alle Kinder des Musikprojektes, aber sie zeigen sämtliche Varianten, wie es für die Kinder nach dem Projekt weitergehen sollte: Dasselbe Instrument wird beim selben Lehrer weitergespielt; das Instrument bleibt, der Lehrer wird gewechselt; das Instrument wird gewechselt und der Instrumentalunterricht wird (wahrscheinlich) zumindest vorläufig beendet. Dass letzteres nur bei drei von 14 Kindern genannt wurde, kann – vorsichtig – als Tendenz für eine mehrheitliche Fortsetzung des Instrumentalunterrichts nach Projektende gewertet werden. Die Fortsetzung oder der Abbruch hingen nicht systematisch mit bestimmten Instrumenten zusammen, sondern waren für alle Instrumente zu beobachten. Ebenso wenig gibt es systematisch klassifizierbare Lehrer, bei denen der Unterricht nicht mehr fortgesetzt werden sollte.

2008 wurden die Schüler einer der beiden Parallelklassen der Projektkohorte im Rahmen einer Fragebogenerhebung nach ihrem weiteren Instrumentalspiel gefragt. Von 24 Schülern gaben 19 an, weiterhin ein Instrument zu spielen. Dieses Ergebnis ist allerdings nur als Tendenz zu werten, da nicht alle der ehemaligen Klassenmitglieder (37 Schüler) erreicht werden konnten und eine Zuordnung der ehemaligen Projektteilnehmer aufgrund der anonymisierten Abgabe der Fragebögen nicht gemacht werden konnte.

3.4 Die Bedeutung des „musikalischen Erbes" von Musikern

Zu den wichtigsten Motiven des Musikprojektes gehört die erklärte Absicht, *allen* Kindern das Erlernen eines Instrumentes zu ermöglichen. Dieses Ziel ist insbesondere auch vor dem Hintergrund bemerkenswert, dass gerade beim Musizieren der Einfluss des Elternhauses entscheidend war und ist: Musiker kommen aus musikalischen Elternhäusern! Es ist bekannt, dass die meisten großen Komponisten wie Bach, Mozart, Haydn, Beethoven Familien entstammten, die oft schon seit Generationen musikalisch aktiv waren. Selbstverständlich lernten sie ein Instrument und bildeten von früher Kindheit an ihre musikalischen Fähigkeiten aus. Betrachtet man Autobiographien von Musikern und Komponisten aus den letzten Jahrzehnten, so stellt man fest, dass die Formel: „Musiker kommen aus Musikerfamilien" für die meisten immer noch gilt. *„Ich hörte ihr (der Mutter) oft dabei zu, wie sie sich das Instrument zu eigen machte und magische Töne aus ihm hervorzauberte. Und so war es mir natürlich, dass ich ein paar Jahre später ihrem Vorbild folgte"*, beschreibt etwa die Geigenvirtuosin Midori (2004, S. 11) den für sie selbstverständlichen Beginn ihres Instrumentalspieles. Für Daniel Barenboim war das entscheidende Motiv, mit seinem Musikvater zusammen musizieren zu wollen:

„Als ich ungefähr vier Jahre alt war, gab mein Vater [er ist Klaviervirtuose] einige Konzerte zusammen mit einem Geiger. Oft übte er mit ihm in unserer Wohnung, und auf einmal wollte auch ich Geige lernen, damit ich mit meinem Vater spielen lernte." Die Eltern suchten nach einer Kindergeige; eines Tages – Daniel war jetzt 5 Jahre alt – sah er, dass der Vater mit einem anderen zusammen auf dem Klavier Duette spielte. „Da begriff ich, dass ich auch so mit meinem Vater gemeinsam spielen konnte, und entschied mich nun doch für das Klavier."* (Barenboim 2002, S. 12)*

Der Dirigent Michael Gielen erinnert sich ebenfalls an sehr frühe Erlebnisse seiner musizierenden Eltern, die den Beginn seiner musikalischen Karriere markieren:

„Ebenfalls früh, vielleicht mit fünf Jahren, liegt meine erste Erinnerung an Musik zurück. Mama spielt Klavier und Papa, obwohl er keine Noten lesen konnte, singt Schubert-Lieder. Ich fange sofort an zu weinen. ... Ungefähr zur gleichen Zeit habe ich zweimal Musik geträumt." (Gielen 2005, S. 15 f.)*

Die Lektüre zeitgenössischer Biographien und Autobiographien von Musikern (Instrumentalkünstlern, Dirigenten und Komponisten) wie den zitierten und zahlloser weiterer (eine Auswahl findet sich im Literaturverzeichnis) zeigt frappierende Übereinstimmungen in folgenden Aspekten:

- Die meisten Musiker kommen aus einem Elternhaus, in denen ein oder beide Elternteile entweder selbst aktive Musiker waren oder zumindest eine enge Verbindung zur Musik hatten;
- die meisten Musiker fanden bereits im Kleinkindalter Instrumente in ihrem Elternhaus vor;
- die meisten Musiker haben entweder von sich aus oder auf Anregung oder Aufforderung der Eltern in frühem Kindesalter begonnen, ein Instrument zu erlernen;
- alle Musiker – auch die, bei denen nicht die Eltern, sondern Außenstehende das musikalische Talent des Kindes entdeckten und förderten – wurden in ihren musikalischen Ambitionen aktiv von den Eltern unterstützt (Anschaffung von Musikinstrumenten; Organisation und Finanzierung des Instrumentenunterrichtes; nachdrückliche Unterstützung beim Üben etc.).

Die Studien von Bastian (1989 und 1991) über die Lebensverläufe von jugendlichen Teilnehmern der Musikwettbewerbe „Jugend musiziert", zeigen vergleichbare Ergebnisse: Neben dem musikalischen Begabungspotential, der Lernbereitschaft und -fähigkeit und dem eigenen Leistungsanspruchsniveau der Jugendlichen bestand die entscheidende Gemeinsamkeit der Preisträger in der Herkunft und dem Einfluss des Elternhauses: „92% (!) unserer Instrumentalisten kommen aus Ober- und Mittelschichten, ganze 6% aus einer oberen Unterschicht." (Bastian 1991, S. 66) Dabei war weiterhin entscheidend, dass in den Elternhäusern die Beschäftigung mit Musik ein selbstverständlicher Bestandteil des „Bildungskapitals" dieser jungen Instrumentalisten ausmachte (vgl. die Abbildung in Bastian 1991, S. 72, aus der u.a. hervorgeht, dass 70% der Preisträger angaben: „Wir hören im Elternhaus ‚klassische Musik'."). „Der Umgang mit Musik, das Erlernen eines Instrumentes korreliert mit der musiksozialen Herkunft der Eltern stärker als mit selbsterworbenem Bildungskapital, er resultiert aus einer frühzeitigen ‚praktischen' Bekanntschaft in der Familie." (Bastian 1991, S. 72 f.)

Von daher erstaunt es auch nicht, dass die Wahl des Musikinstrumentes bei diesen musikalisch hochbegabten Jugendlichen ebenfalls häufig von den Eltern und von der vorgefundenen Musizierpraxis im Elternhaus mitbestimmt wurden: „Häufig legen (groß-)elterliche Traditionen oder Erwartungen die Wahl des Instrumentes fest. Nicht wenige Kinder dürften ihre ersten ‚tastenden' Versuche auf der Klaviatur gewagt haben (weil das Klavier von der Großmutter vererbt und nun mal da war), um später kaum weniger häufig wieder abzubrechen. Musizierende Eltern und Geschwister sind oft musikalische Vorbilder, und ihre Instrumente prägen wohl auch die Präferenz des ‚Nachwuchses'." (Bastian 1991, S. 88) Dennoch: 45% der Befragten antworteten auf die Frage „Wie kamen Sie zu Ihrem Instrument?" „Das Instrument selbst hat mich begeistert, seine Klangfarbe, seine Tonerzeugung …" (siehe Tabelle in Bastian 1991, S. 91).

Auch Jürgen Zinnecker u.a. kommen bei einer Sichtung der empirischen Literatur zur musikalischen Sozialisation zu dem übereinstimmenden Ergebnis, „dass musikalische Elternhäuser, in denen also beispielsweise die Eltern selbst musizieren, in denen häufiger Konzerte besucht werden oder in denen Musikinstrumente verfügbar sind, das Musizieren der Kinder in diesen Familien begünstigen und entwicklungsmäßig beschleunigen" (Zinnecker u.a. 1999, S. 430). In ihrer eigenen Untersuchung zur Frage, welchen Anteil die Eltern, welchen Anteil die Kinder beim Interesse für und Erwerb von musikalischen Fähigkeiten haben, kommen Zinnecker u.a. ebenfalls zu dem Schluss, dass der Einfluss der Mütter und Väter zentral ist. Für die musikalischen Aktivitäten der Jugendlichen erwies sich als entscheidend, ob sie bereits als Kind mit Musik in Berührung kamen: „Der stärkste Prädiktor für die musikalische Kompetenz in der Jugend ist die in früherer Kindheit erworbene musikalische Kompetenz." (Zinnecker u.a. 1999, S. 444)

Diese Befunde unterstützen die Ziele des Musikprojektes, *allen Kindern* eine Chance für das Erlernen eines Instrumentes zu geben, auch jenen „musikferner Elternhäuser". Darüber, ob und inwieweit diese Ambitionen langfristig durch das Musikprojekt erreicht werden können, sind heute noch keine Antworten möglich: Dazu sind weitere Forschungen notwendig, die z.B. untersuchen, wie sich der Instrumentalunterricht im Musikprojekt auf die Lebensläufe der dann erwachsenen Teilnehmer ausgewirkt haben wird. Hingegen gibt es bereits Forschungsergebnisse, die darauf hinweisen, dass unabhängig von der weiteren Entwicklung des Instrumentalspiels die persönlichkeitsstärkenden Auswirkungen des frühen Musizierens von Kindern auch dann bestehen bleiben, wenn das Kind nach einigen Jahren mit dem Instrumentalspiel aufhört. Dies ergaben Forschungen der Tübinger Musikprofessorin Marianne Hassler (zit. nach Klasmann 1997, S. 46).

4 Ergebnisse der wissenschaftlichen Begleituntersuchung

4.1 Instrumentenangebot und Alter der Kinder

Das Instrumentalspiel soll den Kindern im Grundschulalter die Begegnung mit Musik und die aktive musikalische Betätigung ermöglichen. Damit sollen Grundsteine für eigene musikalische Fähigkeiten gelegt werden, die möglicherweise dazu führen, dass die Kinder das Instrumentalspiel in den folgenden Jahren – vielleicht sogar ein Leben lang – weiterentwickeln und pflegen. Dabei steht nicht die Entdeckung und Herausbildung musikalisch besonders begabter Kinder im Vordergrund, obwohl dies nicht ausgeschlossen und in solchen Fällen eine besondere Beratung und Unterstützung durch die Instrumentallehrer vorgesehen ist. Vielmehr geht es um die Förderung aller Kinder durch die besonderen Bedingungen und Anforderungen des Instrumentalspiels. Diese fordert – und fördert damit – zugleich *geistige Fähigkeiten* (das Musikstück muss erfasst und durch das Instrument ausgedrückt werden; Tonhöhen, Rhythmen etc. müssen erkannt werden), *emotionale Fähigkeiten* (die Stimmung der Musikstücke muss erkannt und wiedergegeben werden; dazu kommt, dass Musik in besonderer Weise die emotionale Empfindung anspricht), *physische Fähigkeiten* (die Handhabung und technische Bewältigung des Instrumentes), die Schulung der *Sinne* (beim Spiel und Zuhören), die *Konzentrationsfähigkeit* wie die *Willenskraft* (zum Erlernen des Instrumentes durch Üben) sowie die *sozialen Fähigkeiten* (im Zusammenspiel mit den anderen).

Die angebotenen Orchesterinstrumente Geige, Bratsche, Kontrabass, Querflöte, Klarinette, Trompete und Horn wurden unter folgenden Aspekten ausgewählt:

- Sie sind alle geeignet, Melodien zu spielen. Damit können Lieder, die die Kinder singen können und die ihnen schon bekannt sind, auf das Instrumentalspiel übertragen werden.
- Sie erfordern mehrere verschiedene (fein)motorische Fähigkeiten und dienen von daher dazu, diese zu schulen.

- Sie sind in besonderer Weise zum Zusammenspiel geeignet, nicht nur im Ensemble gleicher, sondern auch im Zusammenklang der verschiedenen Instrumente, die vom Klangvolumen her mit der Zusammensetzung die verschiedenen Tonhöhen und Klangfarben eines Orchesters abbilden.

Die Aspekte des Instrumentenangebots im Hinblick auf das *Alter der Kinder* sind vor allem folgende:

- Praktisch-physische Aspekte: Die Instrumente müssen in kindgerechter Größe und Ausführung vorhanden sein.
- Sie sollen im Hinblick auf ihre Handhabung und Spieltechnik altersgerecht sein.
- Sie sollen eine entwicklungs- und altersentsprechende Motivation bieten.

Es ist offenkundig, dass diese Bedingungen nicht von allen der angebotenen Instrumente im selben Ausmaß erfüllt werden und dass vor allem die körperlichen Voraussetzungen, die notwendig sind, um die angebotenen Instrumente auch tatsächlich im Alter von sieben bis acht Jahren zu spielen, sehr unterschiedlich sind. So ist der Kontrabass, aber auch das Horn in den vorhandenen Kindergrößen noch relativ groß, so dass sie von den kleineren Kindern teilweise noch nicht gespielt werden können. Bei den Blasinstrumenten erfordert vor allem die Klarinette in der Regel, dass die zweiten Frontzähne vorhanden sind – mit Wackelzähnen oder gar Zahnlücken im Bereich der vorderen Schneidezähne gelingt es nur wenigen Kindern, darauf einen Ton zu produzieren. Besonders das Horn und die Trompete erfordern eine recht ausgeprägte Kraft und Fähigkeit zur Atemstütztechnik, die bei der Querflöte und der Kinderausführung der Klarinette, der Chalumeau, geringer sein müssen.

Im Rahmen des Musikprojektes „Jedem Kind sein Instrument" sind auch andere als die angebotenen Instrumente denkbar, vor allem die Gitarre, die von einigen Kindern in Dortmund als Wunschinstrument angegeben wurde. Sie eignet sich aufgrund ihres verhältnismäßig leisen Tons nach Ansicht der Projektinitiatoren allerdings nicht so gut für das Zusammenspiel mit den anderen Instrumenten. An der Bochumer Schule wird die Gitarre dennoch im Projekt angeboten, wobei das gemeinsame Spiel dort im Gitarrenensemble stattfindet. An der Dortmunder Schule wurde die Gitarre im Anschluss der beiden Projektjahre in der vierten Klasse für Kinder angeboten, welche die Orchesterinstrumente nicht weiter spielen wollten oder die nicht am Projekt teilgenommen hatten.

Weniger bzw. nicht geeignet erscheinen hingegen solche Instrumente, die eine oder mehrere Bedingungen nicht erfüllen:

- Sie sind noch nicht altersangemessen, weil sie nicht in kindgerechter Ausführung vorhanden sind und/oder weil sie Anforderungen stellen, die Kinder im Grundschulalter vor allem in physischer Hinsicht noch nicht erfüllen können. Dazu gehören z.b. Blasinstrumente wie das Fagott und die Oboe.
- Die angestrebte umfassende Förderung in ganzheitlicher Perspektive wird damit nicht erreicht. Dazu gehören vor allem das Schlagzeug und elektronische Instrumente, die nicht zum Spielen von Melodien geeignet sind.
- Sie sind nicht oder nicht so gut geeignet für das Zusammenspiel; dazu gehört vor allem das Klavier, das von einigen Kindern als Wunschinstrument angegeben wurde, denn wirklich viele Klavierspieler können nicht auf den meist wenigen Klavieren spielen.
- Sie erfüllen nicht die Erwartung, dass sie von den Kindern als besonderer Anreiz für zusätzliche Lernerlebnisse außerhalb des Schulunterrichtes erlebt werden. Dazu gehören vor allem die Instrumente, die die Kinder bereits im Schulunterricht der ersten Klasse gespielt haben wie Choroi- oder Blockflöten, Leiern und Kinderharfen, die die Kinder während der Jahre des Musikprojektes weiterspielen, aber gerade deshalb für die meisten keine Motivation für zusätzlichen Instrumentalunterricht bieten.

Auch wenn das Motto des Projektes „Jedem Kind *sein* Instrument" programmatisch so verstanden werden könnte, dass jedes Kind das Wunschinstrument seiner Wahl spielen darf, so muss die Auswahl der Instrumente auch aus pragmatischen Erwägungen eingeschränkt werden. Wäre sie nämlich ganz offen, so würden die Gruppen viel zu klein und es gäbe viele Einzelunterrichte, zu groß würde damit auch die Zahl der erforderlichen Instrumentallehrer wie natürlich auch die Zahl der Instrumente, die angeschafft und zur Verfügung gestellt werden müssten. Ein weiterer Aspekt der Begrenzung ist die Annahme, dass die Kinder der ersten Klasse mit einer offenen oder größeren Auswahl überfordert wären.

Projekterfahrungen

Die Kinder wählten in den meisten Fällen Instrumente, die in physischer Hinsicht zu ihnen passten und deren je besonderen Anforderungen (Atemfülle, Haltung, motorische Handhabung) sie bewältigen konnten. Die Verteilung der Instrumente zeigt, dass die besonders großen Instrumente (Horn, Kontrabass) in der Regel nur von Kindern gewählt wurden, die von ihrer Konstitution her (Größe, Muskeltonus, Kraft) auch dafür geeignet waren.

Es gab aber einzelne Fälle, die zum Instrumentenwechsel oder sogar zum Abbruch des Instrumentalunterrichts führten, weil diese Passung offenkundig

nicht gegeben war. So hatte sich ein sehr kleiner zierlicher Junge das Horn ausgewählt – möglicherweise stark geleitet von der Sympathie zur Lehrerin. Es
stellte sich schnell heraus, dass allein das Transportieren dieses großen und
schweren Instrumentes ihn derart erschöpfte, dass ein Abbruch des Unterrichts
nach einigen Wochen angeraten erschien. Der Junge selbst hätte das Horn gern
weitergespielt und die Hornlehrerin hätte dies im Prinzip auch für möglich gehalten, wenn die Transportprobleme hätten gelöst werden können. Für die Eltern
und die Klassenlehrerin stand hier jedoch die Sorge einer Dauerüberforderung im
Vordergrund.

In einem anderen Fall wollte ein ebenfalls sehr kleines Kind den Kontrabass
wählen – auch hier ist die Kinderausführung noch sehr groß, die Saiten waren
„so dick wie die Finger des Kindes". Dem Kind wurde vorgeschlagen, mit dem
kleineren Cello zu beginnen, um später, wenn es größer sei, zum gewünschten
Kontrabass zu wechseln.

Ergebnisse aus den Fragebogenerhebungen zur Zufriedenheit mit dem Angebot der Instrumente und dem Alter der Kinder aus Sicht der Eltern

Im *Fragebogen 1 (2004)* wurde die Frage nach der Zufriedenheit mit der Instrumentenauswahl nicht direkt gestellt. Hinweise ergaben sich aber aus den Angaben dazu, welches Instrument das Kind gern spielen möchte und welches die
Eltern wünschten. Im *Fragebogen 2* (Frage 9) und *Fragebogen 3* (Frage 8) wurde direkt danach gefragt: *„Beim Instrumentenkarussell wurden den Kindern acht
Instrumente vorgestellt. Finden Sie dieses Angebot angemessen oder hätten Sie
für Ihr Kind eine andere Auswahl gewünscht? Und wenn ja: welche?"*

Die Antworten der Eltern:

Fragebogen 2 (2005) (N=19)
Das Angebot ist angemessen:	13
Hätten sich weitere Instrumente gewünscht:	5
Keine Antwort:	2

Fragebogen 3 (N=16)
Das Angebot ist angemessen:	11
Hätten sich weitere Instrumente gewünscht:	6
Keine Antwort:	2

Die Kommentare zu den zustimmenden Antworten wiesen darauf hin, dass die Auswahl so „angemessen" und „völlig ausreichend" sei und dass eine größere Auswahl „die Kinder überfordern", „überfluten" würde. In keinem Fragebogen wurde angemerkt, dass ein Instrument der angebotenen Auswahl für die Kinder nicht angemessen wäre. Allerdings gab ein Elternteil an, „die Streichinstrumente stehen zu sehr im Vordergrund". Auf die Frage im 1. Fragebogen (2004), welche Instrumente die Eltern und/oder die Kinder in der Auswahl vermissten, wurden folgende genannt: Klavier, Trommeln und Schlagzeug, Gitarre, Saxophon, Harfe/Leier. Unter den in FB1 (2004) genannten Wunschinstrumenten der Kinder waren zudem noch elektronisch verstärkte Instrumente wie Keyboards oder E-Gitarren.

Das richtige Alter aus Sicht der Eltern

Die Eltern wurden in den Fragebögen nach einem und nach zwei Projektjahren gefragt, ob nach ihrer Einschätzung der Zeitrahmen des Musikprojektes in der zweiten und dritten Klasse für ihre Kinder der richtige sei (FB2, Frage 10; FB3, Frage 9).

Im Fragebogen 2 (N=19) lauteten die Antworten:
Der Zeitpunkt ist richtig: 16
Der Zeitpunkt ist zu früh: 1, besser in der 3. Klasse,
Der Zeitpunkt ist zu spät: 2, besser schon mit 6 bzw. 7 Jahren

Im Fragebogen 3 (N=16) lauteten die Antworten:
Der Zeitpunkt ist richtig: 13
Der Zeitpunkt ist zu früh: 2, besser in der 3. Klasse,
Der Zeitpunkt ist zu spät: 1, besser schon mit 6 bzw. 7 Jahren

Die meisten Eltern fanden den Zeitpunkt zum Beginn des Instrumentalspiels für ihre Kinder richtig. In den Kommentaren der zustimmenden Eltern betonten sie die Freude, die die Kinder am Instrument gefunden hätten: *„M. hat große Freude am Lernen mit dem Cello, sie war sehr motiviert"*, (FB3, Nr. 2M); *„Es gibt eine Lust sich auszudrücken und zu zeigen, die feinmotorischen Fähigkeiten reichen aus und werden so weiter gefördert"* (FB3, 25M). In einem Fall wird die Zustimmung allerdings eingeschränkt mit folgendem Kommentar: *„Nur schwierig bei den Blasinstrumenten, da fällt die Auswahl der Kinder schwer, weil sie nicht sofort einen Ton erzeugen können und dann frustriert sind oder das Instrument nicht wählen"* (FB2, Nr. 15J).

In einem Fall wurde das Instrument von der Größe her für das eigene Kind als zu früh erachtet: *„Kontrabass ist sehr groß und J's Hände eher noch klein, eventuell erst Beginn in der 3. Klasse" (FB3, Nr. 15J).* Ein Kommentar wägt den Zeitpunkt mit den Nachteilen eines früheren oder späteren Beginns ab, ist sich aber nicht ganz sicher: *„Zu früh: die Eltern hätten mehr mit entschieden; zu spät: wieder andere Interessen (vielleicht?)" (FB3, Nr. 9)* Im Falle der beiden Geschwister, die nicht am Projekt teilnahmen, sondern außerhalb davon ein Instrument lernen, fand die Mutter den Zeitpunkt für das Mädchen richtig, für den Jungen ein Jahr später besser (FB3, Nr. 38 M+J).

Kritische Stimmen von Pädagogen der Schule

Anders als die Eltern kritisierten Pädagogen der Schule in den Interviews das Angebot der Instrumente. Ihre Argumente bezogen sich dabei nicht auf das Angebot der Instrumente an sich, sondern auf die Angemessenheit der Instrumente für das Alter der Kinder (sieben bis neun Jahre). Die Kritik war geleitet von einer pädagogischen Grundhaltung, die eher zu einer beschützenden, (zu) große Herausforderungen vermeidenden Haltung tendierte und diese mit – allerdings nicht belegbaren – „Regeln" hinsichtlich idealer und verallgemeinerbarer Empfehlungen für das richtige Anfangsalter zum Erlernen bestimmter Instrumente untermauerte. Die kritischen Pädagogen betonten die Fälle, in denen das Instrument aufgrund der fehlenden physischen Voraussetzung der Kinder nicht passte und führten sie teilweise als Beleg für ihre grundsätzlichen Einwände an, dass diese Instrumente im Musikprojekt angeboten werden. Dies betraf vor allem die Blasinstrumente: Im Hinblick auf Kinder wurde die Frage geäußert, ab wann der Atemorganismus des Heranwachsenden den Beanspruchungen durch den notwendigen Druck beim Anblasen angemessen standhalten kann, und ob die notwendige „Atemreife" im Alter von sieben bis neun Jahren schon gegeben sei.

Eine andere Kritik bezog sich auf die Befürchtung, der tiefe Grundklang eines Instrumentes wie dem Cello oder dem Kontrabass könne seelische Akzelerationsphänomene hervorrufen: Die tiefen Töne, die besonders nahe dem Geräuschhaften sind, würden mit der Erde „verbinden", „ziehen hin zum Erdhaft-Physisch-Körperlichen" und wirkten dadurch akzelerierend auf die seelische und körperliche Entwicklung hin zur Pubertät, d.h. das Instrumentalspiel mit bestimmten Instrumenten wirke auf das Kind so ein, dass es sich schneller entwickelt als es das normalerweise tun würde. Diese Annahme geht zurück auf Steiners Konzept der Wesensgliederung und die Idee, dass das Seelisch-Geistige sich mit dem mehr Körperlichen im Laufe des Entwicklungsprozesses verbindet. Dieser Prozess ist erst mit der Pubertät abgeschlossen. Es bleibt auch im Rahmen dieser Entwicklungstheorie spekulativ, ob und wenn ja in welcher Weise das Instrumentalspiel Einfluss auf die Entwicklungsschritte des Kindes nehmen könnte. Direkte Äußerungen von Rudolf Steiner gibt es dazu nicht und Hinweise von ihm wie der folgende geben ausdrücklich keine gesetzmäßigen „pedantischen" Regeln zum Instrumental- und Musikunterricht und dem Lebensalter der Kinder vor:

„An dieser Stelle werden Sie es auch begreiflich finden, dass man zunächst, wenn man das Kind hat, das zur Schule kommt, leichter ein melodiöses Verständnis findet als ein harmonisches Verständnis. Man muss das natürlich nicht pedantisch nehmen. Im Künstlerischen darf niemals Pedanterie eine Rolle spielen. Man kann selbstverständlich an das Kind alles Mögliche heranbringen. Aber gerade so wie eigentlich das Kind in den ersten Schuljahren nur Quinten verstehen müsste, höchstens noch Quarten und nicht Terzen – die beginnt es innerlich zu verstehen erst vom 9. Lebensjahre ab – , ebenso kann man sagen, dass, das Kind das melodiöse Element leicht versteht und das harmonische Element eigentlich erst vom neunten, zehnten Lebensjahre ab als Harmonisches zu verstehen beginnt. Natürlich, das Kind versteht den Ton schon, aber das eigentliche Harmonische daran kann man beim Kinde erst von diesem Jahre ab pflegen. Das Rhythmische allerdings nimmt die verschiedensten Gestalten an. Das Kind wird einen gewissen inneren Rhythmus schon sehr jung verstehen. Aber abgesehen von diesem instinktiv verstandenen Rhythmus sollte man das Kind mit dem Rhythmus, zum Beispiel am Instrumental-Musikalischen empfunden, erst nach dem neunten Lebensjahre plagen. Da sollte man die Aufmerksamkeit auf diese Dinge lenken. Auch im Musikalischen kann man durchaus, möchte ich sagen, von dem Lebensalter ablesen, was man zu tun hat. Man wird ungefähr dieselben Lebensstufen finden, die man sonst auch in unserer Waldorfschul-Pädagogik und -Didaktik findet." (Rudolf Steiner, Das Tonerlebnis im Menschen, 3 Vorträge, Dornach 7.-16. März 1923, 2. Vortrag, 8. März 1923, S. 23-24)

Dennoch ist den kritischen Stellungnahmen zum Instrumentenangebot gemeinsam, dass sie die Passung von Alter und Entwicklungsstand der Kinder im Verhältnis zum Instrument unter Berufung auf die Empfehlungen Rudolf Steiners in Frage stellten.

Die Projektleiterin griff die Fragen und Sorgen auf, die auch im Kontext der Dortmunder Schule geäußert und diskutiert wurden. So befragte sie Ärzte nach medizinisch basierten Auskünften zur Frage der Gesundheitsschädlichkeit vor allem der Blasinstrumente. Die Auskünfte befragter Experten ergaben: Intensives und lang andauerndes Spielen der Blasinstrumente kann bei Erwachsenen und erst recht bei Kindern tatsächlich bei mangelhafter Technik zu gesundheitlichen Beeinträchtigungen führen, hingegen könnten sich Blasinstrumente sogar förderlich auswirken, wenn sie altersentsprechend und mit der richtigen Atemtechnik gespielt werden. Die im Rahmen des Musikprojektes übliche Spieldauer sei in keinem Fall als bedenklich einzustufen. In der Expertenrunde mit dem Waldorf-musikpädagogen Stefan Ronner (Freie Hochschule Stuttgart) hielt dieser die in der besonderen Kritik stehenden Instrumente nicht grundsätzlich für entwicklungsbeeinträchtigend und betonte die Notwendigkeit, die Individualität des Kindes zu berücksichtigen und einen altersgemäßen Unterricht anzubieten. Dabei sei zwischen den Vorteilen der eigenen Wahl und der möglicherweise intuitiv empfundenen „Passung" durch das Kind gegenüber seiner individuellen Konstitution und den möglicherweise wahrgenommenen Beeinträchtigungen abzuwägen.

Eine grundsätzliche Klärung der umstrittenen Fragen konnte durch die Konsultierung von Ärzten, Musikern und dem Waldorfmusikpädagogen Stefan Ronner zwar nicht erreicht werden, aber es ergaben sich auch keine Belege für einen grundsätzlichen Einwand gegen die angebotenen Instrumente. Dabei plädiert Ronner im Prinzip für den Beginn des Instrumentalunterrichtes in einem frühen Alter, wenn er denn auf die richtige kindgemäße Weise durchgeführt wird: „Ein frühes Beginnen, das beim Kind ansetzt und mit seinen Entwicklungsschritten einhergeht, hat in der Regel gute Chancen, zu einem brauchbaren Ergebnis zu führen, d.h. rechtzeitig zum Ensemblespiel parat zu sein und dort in der sozialen Einbindung gemeinsamen Musizierens weitere Impulse zu erhalten." (Ronner 2005, 326) Zwar empfiehlt der Autor in seinem Buch „Praxisbuch Musikunterricht" (2005) für die meisten der im Projekt angebotenen Orchesterinstrumente ein späteres Anfangsalter und sieht für die ersten Klassen eher die im Waldorfunterricht eingesetzten Instrumente (Flöten, Kinderharfen, Leiern) sowie das Singen für geeignet. Er betont dabei jedoch, dass die jeweilige Individualität des Kindes beachtet werden müsse – so gebe es Kinder, die sehr früh bestimmte Instrumente unbedingt wählen möchten, wie z.B. die Trompete:

> „Wer kennt nicht den kleinen Trompeter aus der 1. Klasse, der bereits im Kindergarten wusste, dass dies einmal sein Instrument werden würde! Solche gezielten Wünsche kommen immer wieder vor – und es musste sein, wie sich später herausstellt, und es war richtig so. ...Es gibt kein Instrument, mit dem es nicht ähnlich gehen könnte. Das große Geheimnis liegt in der weit blickenden pädagogischen Handhabung!" (Ronner 2005, S. 327)

Die Empfehlungen zum besten Anfangsalter für den Instrumentalunterricht in der musikpädagogischen Literatur und Ratgebern weichen erheblich voneinander ab. Das gilt sowohl für das Anfangsalter zum Instrumentalunterricht generell wie für die Empfehlungen im Hinblick auf bestimmte Instrumente (vgl. z.B. Ben-Tovim und Boyd 1986, Rommel 1986, Ronner 2005, Rittersberger 2002). Diesen oft sehr entschieden geäußerten Empfehlungen liegen in keinem Fall empirische Untersuchungen zugrunde, die etwa die Einflüsse des Einstiegsalters auf den

Erfolg des Instrumentalspiels oder auf die Entwicklung des Kindes/Jugendlichen zum Gegenstand hätten.

4.2 Die Instrumentenwahl

Die selbständige Wahl des eigenen Instrumentes aus den angebotenen acht Orchesterinstrumenten auf der Grundlage des sogenannten Instrumentenkarussells ist ein zentraler Bestandteil des Musikprojektes und macht – wie im Titel hervorgehoben – seine Besonderheit auch im Vergleich zu anderen musikpädagogischen Initiativen aus: *„Jedem Kind* sein *Instrument".* Dieser Ansatz geht dezidiert von folgenden Grundannahmen aus:

1. Das Verhältnis zwischen einem Kind und einem Instrument ist individuell und kann mehr oder weniger gut sein. Instrumente können also mehr oder weniger gut „passen".
2. Für jedes Kind kann es das ideale passende Instrument geben.
3. Die Kinder werden, so sie selbst wählen können, mit innerer Sicherheit ein für sie – zumindest in der aktuellen Situation – „richtiges", also „ihr" Instrument wählen.
4. Sie können „ihr" Instrument unter der Auswahl der angebotenen Orchesterinstrumente finden.
5. Sie können diese Wahl unter den Bedingungen des am Ende der ersten Klasse durchgeführten Instrumentenkarussells treffen.
6. Eine solche Wahl des „richtigen" Instruments kann sich auf das zukünftige Umgehen mit diesem Instrument positiv auswirken, und zwar dadurch, dass das Kind in besonderer Weise motiviert üben und das Instrument spielen wird.
7. Das Kind kann seine Wahl durch die Erfahrungen mit dem selbst gewählten Instrument im Verlauf der zweijährigen Projektzeit hinreichend überprüfen, um im Anschluss ggf. eine begründete andere Instrumentenwahl treffen zu können. Es kennt am Ende des Projektes auch alle anderen Instrumente durch die Freunde und die gemeinsamen Konzerte.

4.2.1 Das Instrumentenkarussell

Das Instrumentenkarussell bildet für die Kinder die Grundlage für die selbständige Wahl „ihres" Instrumentes. Sie haben die Aufgabe, gemeinsam mit ihren Klassenkameraden in kleinen Gruppen an zwei Vormittagen nacheinander zu insgesamt acht ihnen bisher fremden Instrumentallehrerinnen und -lehrern zu gehen, dort neue Instrumente kennenzulernen und die ersten Schritte ihrer Handhabung zu erlernen. Sie müssen sich die Namen dieser acht Instrumente merken sowie die Erfahrungen, die sie damit gemacht haben, damit sie ihre Wahl treffen können.

So stellt das Instrumentenkarussell ein sehr komplexes pädagogisches Programm dar, von dessen Gelingen es abhängt, ob die Kinder in die Lage versetzt werden, ihr Instrument selbständig zu wählen, das sie dann in den folgenden beiden Jahren erlernen werden.

Gemeinsam mit Studierenden der Alanus Hochschule und des Institutes für Waldorfpädagogik Witten/Annen haben wir an mehreren Vormittagen am Instrumentenkarussell teilgenommen und die Beobachtungen im Anschluss daran aufgeschrieben. Um einen lebendigen Einblick in den Ablauf des Instrumentenkarussells zu geben, folgen die Beobachtungen von zwei Vormittagen: Adelheid Jorberg (Witten/Annen) begleitete eine Kindergruppe bei den vier Streichinstrumenten, Alexandra Hanussek (Alanus Hochschule) war bei den vier Blasinstrumenten dabei.

4.2.2 Beobachtungen aus dem Instrumentenkarussell (Adelheid Jorberg und Alexandra Hanussek)

Bei den Streichinstrumenten (Adelheid Jorberg)

Als die Instrumental-Lehrer und wir „Wissenschaftler" in den Raum der ersten Klasse kamen, schauten uns die Kinder gespannt und mit erwartungsvollen Augen an. Wir standen im Halbkreis vor der Klasse und wurden von ihr begrüßt, auch wir wünschten der Klasse gemeinsam einen „Guten Morgen". Die Kinder wussten genau, was nun passieren sollte und immer drei bis fünf Kinder hatten ein jeweils gleichfarbenes Bändchen um ihr Handgelenk, als Gruppen-Erkennungszeichen. Frau Schieren hatte als Koordinatorin eine Liste, in welcher eingetragen war, welches Farbbändchen-Kind zu welcher Uhrzeit bei welchem Lehrer und Instrument sein sollte. Die Instrumentallehrer hatten bereits einen Raumplan.

Es wurden nun acht Gruppen gebildet für die acht Instrumente: Querflöte; Horn; Trompete; Klarinette und Geige; Bratsche; Cello; Kontrabass.

Bei der Geige
Daniel, Dorothea und Amélie (die Namen wurden alle verändert) sausten aus dem Klassenzimmer ins Untergeschoss der Schule, wo wir in einem kleinen Flur

die Geigenlehrerin antrafen, die für die Geigen bereits eine Decke auf den Boden gelegt hatte; die Geigenkästen standen nebeneinander aufgereiht am Fenster. Wir setzten uns alle auf den Boden vor die Decke, und während die Geigenlehrerin in raschem Tempo die drei Geigen auspackte, erzählte sie ununterbrochen mit fröhlicher Stimme von der Geige. Immer wieder schaute sie eines der Kinder neugierig an und fragte alles Mögliche: Wer hat denn schon mal so eine Geige gesehen, wer gehört, wessen Geschwister spielen denn schon, wie viele Saiten hat die Geige eigentlich, und wer weiß schon, was er für ein Instrument spielen möchte? Die Kinder waren sehr neugierig und aufgeregt und der kleine Flur schien die zwanglose Stimmung zu unterstützen.

Lehrerin: „Wisst ihr, dass die Geige zwei Tiere hat? Die Schnecke ...(es wird gezeigt) und den Frosch ... (ebenso)." Jedes Mal schaute die Lehrerin fragend auf die Kinder, von denen sich nur Dorothea schon ein bisschen auskannte, weil ihre Schwester Geige spielt.

Jetzt lagen alle Instrumente ausgepackt und gestimmt auf der Decke und sie wurden den Kindern ohne Bogen in die linke Hand gegeben. Inzwischen war eine zweite Lehrerin dazugekommen, und jeder probierte für sich aus, wie man mit dem rechten Zeigefinger auf den Saiten zupfen kann. Die linke Hand hielt die Geige dabei an der oberen Rundung des Korpus fest. Jetzt sollten alle gemeinsam von der dunklen zur hellsten Saite zupfen und wieder zurück, auch alleine den anderen Mal zeigen, was man schon kann.

Jeder bekam nun einen Bogen in die rechte Hand, und die Lehrerin fragte, ob sie denn ein Lied spielen wollten? Natürlich wollten sie! Also alle gleich mit, beide Lehrerinnen halfen beim Anfangston.

Lied: Liebe Mama hör mal an,
*   was ich auf der Geige kann.*

„Man kann das auch auf den anderen Saiten spielen, hell oder dunkel?"

Dorothea wusste als erste, wie die Geige zu halten und zu spielen war, doch fiel es ihr schwer, die Richtungen für helle, bzw. dunkle Töne zu bestimmen. Von Anfang an hatte sie immer wieder gesagt, dass sie Geige spielen wolle. Daniel hörte allem aufmerksam und mit viel Ernsthaftigkeit zu und spielte sein Liedchen auch ohne Hilfe, war aber eher skeptisch und die helle Saite fand er „ziemlich hell". Ihn interessierte das eine oder andere und er fragte immer wieder nach Einzelheiten. Amélie begriff und hörte alles sehr schnell und spielte auch eigene, erfundene Töne und sang spontan mit, wenn sie ihr Lied spielte, stellte sich schnell in eine köstliche Geiger-Pose, mit durchgedrücktem Kreuz und die Geige nach oben gerichtet.

Beim Cello
Fröhlich und erwartungsvoll rannten die drei Kinder in den angrenzenden Raum, den sogenannten Handlungs-Raum. Er ist recht groß, hat auf der einen Seite eine Fensterreihe, auf der gegenüberliegenden zwei Treppenstufen, dahinter einen großen roten Vorhang. Der Stuhl mit dem Cello stand an den zwei Stufen, also im dunkleren Bereich des Raumes.

Neugierig schauten die Kinder auf „die große Geige" und Daniel wurde als Erster bestimmt zu spielen. Er stellte sich vor den Stuhl, und die Lehrerin passte ihm die Größe des Cellos an, indem sie den sogenannten Stachel heraus zog. Sie erklärte, dass das Cello so groß sein müsse, bis die Schnecke an die Stirne reiche. Eine Schnecke? Kennt ihr die schon? „Ja, natürlich, die gibt es bei der Geige doch auch!" Die Lehrerin sagte: „Daniel, setz dich jetzt hin und nimm das Cello – so, zwischen die Beine. Also, das Cello ist wie ein Löwe: Er kann sehr zahm, geschmeidig und ruhig sein, aber auch wild und aufgeregt brüllen. Jetzt nimm das Cello mal so richtig in deine Arme, hab es ganz lieb und schaue, wie weit du herum fassen kannst. "

Die Lehrerin legte nun Daniels rechte Hand auf den Frosch, seine linke an die Spitze des Bogens, während sie selbst, vor Daniel und dem Cello hockend, ihre Hände über seine legte und sie nun zusammen den Bogen strichen und spielten. Als Erstes strichen sie über jede Saite einzeln, dann auch über zwei gleichzeitig und sie hörten, wie unterschiedlich die Töne klangen, hell oder mittel oder ganz dunkel. Es gab lange Töne, dann hüpfende, die auf der Saite tanzten. Auch hier spielte und zupfte Daniel das Lied vom Cello, das wir von der Geige her kannten. Daniel spielte mit Hilfe der Lehrerin das Cello-Lied:

Liebe Mama hör doch an,
was ich auf dem Cello kann

Die Lehrerin holte Amélie und Dorothea, die sich inzwischen miteinander beschäftigten, wieder zu sich und sagte, dass, wenn sie sich ganz groß machen und sich reckten, Daniel ganz laut spielen könnte. Wenn sie sich ganz klein machen, spiele er leise und zart. So reckten sie sich und das Cello klang immer lauter und der Bogen ging immer schneller hin und her. Die Mädchen wurden kleiner und

kleiner und Daniels Bogen, immer noch von der Lehrerin geführt, spielte immer leiser und zarter. Auch alleine klappte es ganz gut, und die Mädchen bekamen Spaß an dem Auf und Ab.
Lehrerin: „Wollt ihr mal das Geisterlied hören? Da musst du mit der linken Hand ganz zart auf den Saiten von oben nach unten streichen, das ist wie im Geisterhaus!" Daniel konnte jetzt alles allein und spielte, bis Dorothea an der Reihe war. Bei Dorothea ging die Reihenfolge des Cello-Kennenlernens fast gleich, die Lehrerin widmete sich weiterhin mit ihrer munteren, frischen Art Dorotheas Spiel. Währenddessen flitzten Amélie und Daniel im Zimmer herum fingen an Verstecken zu spielen und waren ganz in ihr Spiel vertieft, doch die Lehrerin und Dorothea schien das nicht zu stören, sie arbeiteten einfach konzentriert weiter. Dorothea durfte schon ein paar fest gedrückte Töne spielen, d.h. die linken Finger drückten während des Bogen-Spieles eine Saite verschiedentlich herunter. Amélie kam als letzte Spielerin ans Cello und hatte schon eine Menge bei den anderen gelernt, was sie gleich anwenden konnte, sobald die Lehrerin die Grundübungen gezeigt hatte. Sie spielte viele neu entdeckte Töne und hatte schnell raus, wo die Finger zu drücken waren, je nachdem, ob die Töne heller oder dunkler sein sollten.
Es war so viel Zeit, dass Dorothea und Daniel sogar noch zwei Male spielen konnten, während sich die anderen im Raum immer irgendwie beschäftigten. Zum Schluss bekamen wir ein kleines Cello Stück vorgespielt, was schnell über alle Saiten ging und sich tänzerisch anhörte.

Bei der Viola
In dem kleinen angenehmen Therapie-Raum, wo der Bratschenlehrer auf uns wartete, setzte ich mich abseits in eine Ecke, während der Lehrer bemüht war, die Kinder zu sich zu organisieren. Sie sollten sich in einer Reihe vor den Tisch mit den Bratschen hinstellen. Nochmal erwähnten Dorothea und Amélie, dass sie lieber Geige lernen wollen.
Es war eine unkonzentrierte Stimmung, und der Lehrer versuchte, die Kinder mit verschiedenen Fragen bezüglich der Bratsche wieder einzufangen und sie zu interessieren. Nachdem das dann doch gelungen war, sang der Lehrer mit ihnen das „Vogellied":

Vögel die nicht singen,
Glocken die nicht klingen,
Pferde die nicht springen,
Menschen die nicht lachen,
was sind das für Sachen.

Nun bekam jeder eine Bratsche in die Hand, sollte sie wie bei der Geige auch am oberen Korpus umgreifen und die Kinder begannen auf dem Ton „d" gemeinsam, das Vogellied zu zupfen; der Lehrer sang mit.

Dorothea verwechselte wieder öfter die Richtung der hellen bzw. dunklen Saiten, wie auch schon bei der Geige, aber mit Geduld und Hilfe gelang das Lied allen nach zwei Malen. Der Lehrer reichte jedem seinen Bogen und hing ihn den Kindern in den linken kleinen Finger ein, mit dem die Bratsche gehalten wurde. Da schaukelten die Bögen mit ihrem schweren Ende so schön in der Luft, dass Amélies und Daniels Bögen mit viel Schwung plötzlich beträchtlich hin und her wedelten, so dass der Lehrer schnell eingriff und sagte, dass das doch etwas zu gefährlich sei.

Jetzt kam die „Krabbelspinne", die rechte Hand, und fing an, von der eingehängten Spitze des Bogens bis ca. 15 cm vor den Frosch zu krabbeln. Am Ende angelangt, spielten alle ihre leeren Saiten von unten, dem dunkelsten Ton aus, bis zum hellsten.

Lehrer: „Wir können auch noch andere Lieder, z.B. A-mé-lie, A-mé-lie."
Dabei nahm der Lehrer Amélies linke Hand, legte sie so hin wie man üblicher Weise spielt und führte ihren Zeigefinger bei der zweiten Silbe auf die Saite.

Dorothea hatte ihre Bratsche auf den Tisch gelegt, wurde gefragt, ob sie das nicht auch spielen oder Amélie bei ihrem Namen helfen wolle. Nein, sie wollte nicht mehr spielen, half aber Amélie bei ihrem Namens-Lied. Daniel hatte Hilfe durch den Lehrer und spielte noch eine ganze Weile.

Dorothea war auch hier ein stiller Beobachter, machte alles mit ohne besonders ernst oder albern zu sein, sie lachte nur mit den anderen mit und machte selber keine Witze oder dergleichen. Aber am Ende dieser Bratschen-Zeit wollte sie partout nicht mehr selber spielen, ohne einen mir erkennbaren und benannten Grund.

Daniel hatte anfangs neugierig und etwas albern mit Amélie im Zimmer rumgetobt, bis er sich auf seine Aufgabe konzentrieren konnte. Er meinte, das sei ja das Gleiche wie bei der Geige, das kenne er schon. Am Schluss war er mit Amélie wieder richtig in Fahrt und spielte mit ihr um die Wette, beide kicherten sich halb weg und hampelten mehr als sie spielten. Amélie hatte das Spiel mit der linken Hand schnell heraus, stellte sich auch hier in Pose und spielte einfach drauf los und genoss offensichtlich die neue Ausdrucksmöglichkeit. Als sie zum ersten Mal den linken Zeigefinger benutzte, musste sie sich schütteln vor Lachen. Die Zeit war um, die nächste Gruppe spazierte schon herein und wir gingen weiter zum Kontrabass.

Beim Kontrabass
Im recht engen Flur im Untergeschoss der Schule empfing uns der Kontrabass-Lehrer sehr freundlich und ruhig, fragte nach den Namen und begrüßte uns. Da lagen die großen Instrumente auf dem Boden neben den Hockern, und der größte Bass lag gleich vorne und faszinierte die Kinder sofort. Der Lehrer hob seinen Bass auf, setzte sich auf den Hocker und meinte, die Kinder sollten ihm doch mal „guten Morgen" sagen. Dafür sollten sie ihre Hände auf den Bass legen, auf die F-Löcher. Er spielte ruhig seine leeren Saiten und das ganze Instrument geriet in ein feines Zittern. Es kribbelte allen in den Fingern, Amélie kicherte gleich mit und alle staunten und waren sichtlich fasziniert. Jetzt spielte der Lehrer das Lied vom Elefanten, der mit seinen großen Füßen daher trottet. Als zweites das Enten-lied, die mit ihren kleinen Entenfüßchen trippeln. Immer wieder legte eines der Kinder seine Hand auf oder kam mit dem Ohr ganz nah, um besonders gut zu lauschen.
Dann kletterten alle drei auf ihren Hocker, die Füße konnten den Boden nicht berühren, und jeder bekam seinen Bass an die Brust gelehnt und durfte frei aus-probieren, wie sich das Zupfen wohl anfühlt. Amélie war schnell über alle Saiten und war besonders fasziniert, wie weit so eine Saite ausschwingt; sie schaute sich das ganz genau an, musste bei der tiefsten Saite immer mitlachen, weil „die so kribbelt".
Lehrer: „Wir können das Mühlen-Lied spielen". Er sang und spielte, nachdem er die Anfangs-Saite gezeigt hatte:

Mühle, Mühle auf dem Hügel,
drehst im Winde deine Flügel.

Er spielte so langsam, dass die drei gut mitspielen konnten. Der Lehrer gab die Bögen in die rechte Hand und wieder staunten die Kinder, wie weit sie sich her-unter beugen mussten, um an der richtigen Stelle streichen zu können. Der Leh-

rer ließ die Kinder in den letzten Minuten jedes für sich spielen und ausprobie-
ren und schaute von seinem Platz aus in Ruhe zu. Daniel saß neben ihm und
fragte ab und zu etwas, maß ab, wie weit eine Saite ausschwingt, und immer
wieder hielt eines der Kinder seine Hand während des Spielens ans Instrument.
Amélie kicherte fast die ganze Zeit, war ganz begeistert und sagte, dass sie viel-
leicht Geige oder Kontrabass spielen möchte. Als am Schluss Zeit zum weiteren
Ausprobieren war, strich sie wieder lustvoll drauf los und ihr ganzer Oberkörper
tanzte mit, sie schwenkte nach rechts und links und sang laut dazu. Die gewisse
Albernheit, mit der sie aus der vorigen Stunde gekommen war, hatte sich mit der
Sinnes-Wahrnehmung am Kontrabass sofort in ruhige Faszination gewandelt.
Dorothea hatte sichtlich schon etwas Übung im Streichen, und bei allen dreien
klappte die Saitenwahl beim Lied schon ganz gut. Dorothea sagte, der Bass sei
ihr zu groß, aber sie arbeitete gerne mit.

Daniel beobachtete und befühlte den Bass oft beim Spielen, als wolle er ihn
gut kennen lernen. Auch er musste immer wieder kichern, wenn er die Vibration
fühlte und wenn es beim Herunterdrücken der Saite im Finger so kribbelte.

Bei den Blasinstrumenten (Alexandra Hanussek)

Ich begleitete am Montagmorgen eine Gruppe von vier Kindern, die während
des Instrumentenkarussells in vier verschiedenen Räumen die Blasinstrumente
ausprobieren durften: Querflöte, Klarinette, Trompete und das Horn. Die Grup-
pe bestand aus drei Mädchen und einem Jungen: Malin, Svenja, Luisa und Nik-
las.

Bei der Klarinette
Die Exkursion durch das Instrumenten-Labyrinth der Waldorfschule Dortmund
begann zunächst einmal in dem Klassenzimmer der Klasse eins. Dort begrüßten
uns die Klassenlehrerin, die Projektleiterin und die interessierten Kinder. An-
schließend wurden die Kinder namentlich aufgerufen und in Vierergruppen auf-
geteilt.

Sodann ging es mit der ersten Gruppe und dem Klarinettisten in einen
Raum, der direkt an das Lehrerzimmer anschließt. Dort wurden die Kinder von
dem Klarinettisten begrüßt.

Luisa war sehr aufgeregt, als der Lehrer fragte, wer denn schon mal eine
Klarinette gesehen hatte. Sie rief sofort, dass sie selbst eine Klarinette hat, aus
Plastik, und auch schon Unterricht. Malin schaute sie ehrfürchtig an. Luisa
erzählte sofort ausführlicher von ihrer Klarinette.

Der Lehrer zeigte ihnen die „schlafende Klarinette". Sie hieß so, weil sie noch nicht zusammengebaut in einem Kasten lag. Die Kinder standen im Halbkreis und betrachteten das Musikinstrument. Der Klarinettist zeigte ihnen, wie man die Klarinette zusammenbaut. Dann spielte er ein kleines Liedchen: „Bruder Jakob", welches die Kinder sofort erkannten.

Nun holte der Klarinettenlehrer eine kleine Kinderklarinette hervor, eine so genannte „Chalumeau". Er verglich die beiden Instrumente und ließ die Kinder raten, ob die große Klarinette sich wohl höher oder tiefer anhörte. Er spielte „Alle meine Entchen" vor, und die Kinder kamen zu der Erkenntnis, dass die große Klarinette in beiden Tonhöhen spielen kann.

Nun durfte jedes einzelne Kind an dem Mundstück pusten bzw. blasen. Es war für die Kinder sichtlich schwierig einen Ton aus dem Instrument herauszubekommen. Doch mit der richtigen Blastechnik bekamen drei Kinder ein „Geräusch" heraus.

Wer dieses schaffte, durfte schon mit der zusammengebauten Klarinette üben.

Malin stand dem Musikinstrument anfangs sehr skeptisch gegenüber. Erst wollte sie gar nicht spielen, doch als der Klarinettist sie persönlich aufforderte, probierte sie es doch. Aber es klappte noch nicht so gut. Zu Beginn war sie sehr schüchtern, aber sie beobachtete alles haargenau (z.B. auch uns Beobachter). Sie ließ sich jedoch auch schnell von ihrer Freundin Svenja ablenken.

Luisa war im Gegenteil geradezu darauf besessen endlich etwas selbst zu tun. Ihr gelangen die ersten Laute auf dem Mundstück der Klarinette erstaunlich gut. Daraufhin wollte sie immer wieder spielen.

Svenja war auch sehr interessiert und konnte nach ein paar Versuchen einen Ton aus dem Mundstück bekommen. Auch sie beschäftigte sich gern mit ihrer Freundin und ließ sich durch Kitzeln oder Flüstern ablenken.

Niklas war eher still und zurückhaltend, vielleicht auch weil er der einzige Junge war. Das Blasen am Mundstück konnte er recht gut.

Bei der Querflöte
In der zweiten Etage der Waldorfschule wartete die Querflötenlehrerin in einem kleinen Klassenzimmer. Sie ermutigte die Kinder, sich auf einen Stuhl zu setzen. Gleich zu Beginn stellte sie die Frage, wie man denn eine normale Flöte halten würde und wie eine Querflöte?

Die Kinder zeigten durch Handbewegungen die gewünschte Antwort. Wie auch bei der Klarinette gab es eine kleine Querflöte, diese war am Hals gebogen, so dass kleinere Kinder sie besser umgreifen und festhalten konnten. Die Flötistin spielte dann auf der großen Querflöte „Bruder Jakob" und ein kleines Jazzstück.

Nun packte sie ihre drei kleinen gebogenen Flöten aus und gab sie den Kindern. Zum ersten Versuch legte sie das Mundstück an die Lippen der Kinder. Diese versuchten über das Mundstück hinweg zu pusten und dadurch einen Ton herauszubekommen. Drei von den Kindern bekamen einen Ton heraus. Die vier Kinder hielten sich in ihrem Verhalten eher zurück.

Bei der Trompete
Diesmal wurden die Kinder von der Flötistin zum Trompetenunterricht gebracht. Die Schüler setzten sich mit dem Lehrer in einen vorbereiteten Stuhlkreis. In Reichweite des Lehrers lagen auf einem Tisch mehrere Trompeten. Niklas fragte nach dem Material: „Sind die aus Gold?" Der Lehrer verneinte.

Der Trompetenlehrer begrüßte die Kinder. Als sie sich gesetzt hatten, erzählte er ihnen eine Geschichte, wie er selbst die Trompete zu spielen gelernt hatte:

Nach seinem ersten Trompetenunterricht hatte ihn der Lehrer mit der Trompete nach Hause geschickt mit dem Auftrag, kräftig blasen zu üben. Er sei dann sehr enttäuscht gewesen, dass er keinen Ton habe bilden können und habe sich schließlich an einen Freund gewendet, der bereits Trompete spielen konnte. Der habe ihm dann „den Trick" gezeigt. Der Lehrer macht vor, in welcher Weise die Lippen gespannt werden müssen und wie dann durch die gespannten Lippen – noch ohne Mundstück – verschiedene hohe oder tiefe Töne erzeugt werden können.

Diese bildlich geschilderte Geschichte faszinierte die Kinder und sie hörten begeistert zu. Dann spielt der Trompetenlehrer ein kleines Liedchen: „Bruder Jakob". Niklas sagte begeistert: „Das kenne ich!"

Alle Kinder waren nun neugierig und wollten die Trompete ausprobieren. Doch zuerst sollten sie ohne Instrument die Blastechnik ausprobieren, die ihnen der Trompetenlehrer vormachte. Also pusteten alle Kinder wie wild durch die Gegend. Als der Lehrer dann zwei kleine Trompeten hervorholte, waren die vier etwas gesitteter, da jedes Kind selbst eine Trompete haben wollte. Nun wurde experimentiert. Zwischendurch erklärte der Lehrer, dass sich in der Trompete, während des Spielens Wasserkondens ansammelt und zeigte, wie man es ablaufen ließ.

Niklas war bei der Trompete viel aufgeweckter und pustete kräftig los. Er erzählte ganz stolz, dass sein älterer Bruder auch Trompete spielt. Julia und Svenja hatten auch viel Kraft zum Pusten auf der Trompete und bei Malin klappte es zum Schluss immer besser.

Beim Horn
Nachdem wir mit den Kindern den Flur entlang gelaufen waren und sie uns
Beobachterinnen fast abgehängt hatten, landeten wir in dem vierten und letzten
Raum. Dort wurde das Horn vorgestellt. Diesmal durften wir uns drei unter-
schiedliche Lieder auf dem Horn anhören. Die Hornlehrerin erklärte die Tech-
nik, wie man in das Mundstück des Horns blasen musste, und so wurden zu-
nächst Trockenübungen gemacht. Dann bekam jedes Kind sein individuelles
Mundstück, welches an seinen Lippen angepasst wurde. Danach wurde mit dem
Mundaufsatz geprobt. Erstaunlicherweise klappten die ersten Anfänge bei allen
Kindern recht gut. Anschließend wurde von jedem einzelnen Kind der Mundauf-
satz auf das Horn gesetzt. Auch hier klappte es bei jedem Kind, mit dem Horn
einen oder mehrere Töne zu erzeugen.
Darüber hinaus sollte jedes Kind mit dem Mundaufsatz „Alle meine Ent-
chen" üben; durch einfache Pustetechniken war dies möglich. Mit Hilfe der
Lehrerin wurde dann das Lied mit dem ganzem Horn gespielt.
Die hohen Töne entstehen durch kräftigeres Blasen. Dieses konnten die
Kinder noch nicht so gut. Wie bei der Trompete so erklärte auch hier die Lehre-
rin, wie das Kondenswasser aus dem Horn abgegossen wird.
Auf die Frage der Lehrerin, welches Instrument sie denn gerne spielen wür-
den, wussten die Kinder noch keine Antwort oder wollten gleich zwei oder drei
Instrumente erlernen.
Zum Ende der Stunde wurden die Kinder immer unruhiger, da ihre Kon-
zentration nachließ.

Beobachtung nach dem Instrumentenkarussell (Charlotte Heinritz)
Ich traf Daniel im Bioladen mit seiner Mutter. Er erkannte mich und strahlte
mich an. Ich fragte ihn, wie ihm die Instrumente gefallen hätten und ob er schon
wüsste, welches er wählen wollte. Er sagte, Cello und Trompete hätten ihm am
besten gefallen. Er hätte erst Cello gewollt, aber nun überlegt er noch, ob es
nicht doch die Trompete wird. [Er wählte schließlich die Trompete].

4.2.3 Das Instrumentenkarussell im Erleben der Kinder

Nach Beendigung der Instrumentenvorstellung kamen die Kinder zurück in ihre
Klassenzimmer. Dort erzählten sie der Lehrerin von ihren Erlebnissen und
tauschten sich über die Erfahrungen aus, äußerten ihre Instrumentenwünsche und
diskutierten darüber.
Die Beobachtungen zeigten, dass das Instrumentenkarussell für die Schüler
ein besonderes, teilweise aufregendes Ereignis darstellte. Sie wirkten fröhlich

und aufgeregt, aber viele Schüler standen auch etwas schüchtern, leise und ge-spannt da. Ein Junge hatte sogar seinen Plüschhund dabei, den er während der ersten Instrumentenpräsentationen im Arm hielt – bis er ihn im vierten Raum vergaß!

Die Beklommenheit könnte ein Indiz dafür sein, dass die Kinder die Situati-on selber als etwas Besonderes, als etwas, das nicht „normaler (Schul-) Alltag" ist, erlebten: Sie standen einem oder sogar mehreren bisher nicht bekannten Erwachsenen gegenüber. Mindestens einer von den Erwachsenen konnte etwas ganz Besonderes, nämlich sein Instrument sehr gut spielen. Sie rechneten damit, sich bald auch an einem Instrument bewähren zu müssen, zweifelten aber mögli-cherweise, ob es auch gelingen würde. Die Kinder antizipierten, dass ein Miss-lingen durch Erwachsene und in der peer group wahrgenommen würde, was die weitere Motivation erschweren könnte. So haben wir beobachtet, wie eine Schü-lerin nach einem missglückten Versuch mit der Klarinette Angst bekam, auch an der Querflöte „wieder zu versagen".

Wenn es den Kindern nicht gelang, die ersten Schritte der Handhabung des Instrumentes zu erlernen und sie keinen Erfolg bei der Erzeugung von Tönen hatten (vor allem bei den Blasinstrumenten), verloren sie nach einiger Zeit das Interesse. Wiederholten sich solche Misserfolge bei mehreren Instrumenten hin-tereinander, so wirkte sich dies in der Regel sehr negativ auf ihr Wohlbefinden und auf ihre Haltung zu den entsprechenden Instrumenten aus. Diese Be-obachtungsergebnisse unterstreichen noch einmal die Bedeutung der pädagogi-schen und musikdidaktischen Fähigkeiten der Instrumentallehrer: Die Koppelung von knappem Zeitrahmen und einem gewissen Erfolgsdruck bezüglich des ersten Hervorbringens gut klingender Töne stellt eine Herausforderung für die Musik-pädagogen und ihre Vermittlungsfähigkeit dar.

Während der Einführung in die einzelnen Instrumente reagierten die Kinder immer dann besonders lebhaft und erfreut, wenn sie neuen Erfahrungen mit vertrauten, bekannten Erfahrungen verbinden konnten: Wenn sie das Lied kann-ten, das der Lehrer auf dem Instrument vorspielte, wenn sie das Instrument oder ein ähnliches schon mal gesehen hatten und dies äußern konnten, wenn sie in dem Instrument Eigenschaften erkannten, die sie bereits an einem anderen In-strument während des Instrumentenkarussells kennengelernt hatten.

Der Umgang der Instrumentallehrer mit den Kindern und ihre Fähigkeit, in sehr kurzer Zeit einen Kontakt zu ihnen aufzubauen, erwiesen sich als wesentlich für den Erfolg der Unterrichtseinheit. Die einzelnen Lehrerinnen und Lehrer gingen dabei sehr unterschiedlich vor, aber allen gelang es innerhalb kurzer Zeit, die Kinder für das Instrument zu interessieren und ihre Aufmerksamkeit zu fes-seln. Am besten gelang es den Lehrern, die sich im Verlauf der Instrumentenvor-stellung in ausreichendem Maße sowohl den einzelnen Kindern wie auch der

Gruppe als ganzer zuwenden konnten. Idealerweise konnten alle Kinder am Ende das Instrument einigermaßen richtig halten und „richtige" Töne produzieren. Manchem Lehrer gelang sogar innerhalb der kurzen Zeit eine Art gemeinsames Ensemblespiel der Gruppe.

Der Ablauf des Instrumentenkarussells mit seinen vielfältigen Anforderungen und den Herausforderungen für die Kinder machte den meisten offenkundig große Freude. Nach dem zweiten, spätestens nach dem dritten Instrument ließen Kraft und die Aufmerksamkeit bei vielen Kindern jedoch deutlich nach. Je nach Konstitution und auch danach, wie sehr sie sich davor angestrengt hatten, hatten manche Kinder bei dem letzten Instrument kaum noch die notwendige Energie und Konzentrationsfähigkeit. Diese negativen Erfahrungen sollten natürlich vermieden werden. So sah das Instrumentenkarussell des kommenden Jahres eine andere Zeiteinteilung vor, mit einer Pause zwischen dem dritten und den folgenden Instrumenten.

Die Bedeutung des Instrumentenkarussells für die Instrumentenwahl aus Elternsicht

Die meisten Eltern gaben an, dass ihre Kinder die Wahl während oder nach dem Instrumentenkarussell getroffen haben:

Auf die Frage 6 im Fragebogen 1 (2004): „Wenn Ihr Kind sich schon [für ein Instrument] entschieden hat: Wann fiel diese Entscheidung?" antworteten 25 von 31: *„Der Entschluss wurde während oder nach der Teilnahme am Instrumentenkarussell getroffen".*

In diesem Fragebogen wurde weiterhin danach gefragt, ob das Kind schon vorher einen Instrumentenwunsch geäußert hat (Frage 3) und welche Instrumente es ggf. schon gewählt habe (Frage 5).

Von den 31 Kindern hatten 27 bereits vor dem Instrumentenkarussell einen Instrumentenwunsch, acht äußerten mehrere Instrumente, die vor dem Projekt als Wunschinstrumente genannt wurden. Darunter waren auch Instrumente, die im Projekt nicht angeboten wurden. Von den „ursprünglichen" Instrumentenwünschen sind elf auch tatsächlich für das Projekt gewählt worden. In acht Fällen kam es zu einem Wechsel des Instrumentenwunsches während oder nach dem Instrumentenkarussell.

Diese Befunde können als gewichtiger Hinweis darauf interpretiert werden, dass die Erlebnisse und Erfahrungen der Kinder während des Instrumentenkarussells maßgeblich ihr Wahlverhalten beeinflusst haben. Diese Annahme wird durch die Angaben der Eltern zu den (vermuteten) Motiven" für die Instrumentenwahl ihrer Kinder untermauert (Frage 10).

Aus den offenen Kommentaren der Eltern zu dieser Frage sowie den Beob-
achtungsprotokollen lassen sich folgende *Einflüsse des Instrumentenkarussells
auf die Wahlentscheidung der Kinder* identifizieren:

Erfahrungen mit den Instrumentallehrern:

- Die Sympathie für einen Instrumentallehrer,
- die Antipathie gegen einen Instrumentallehrer,
- besondere Ermutigung durch den Instrumentallehrer für ein bestimmtes
  Instrument

Subjektive Erfahrungen mit dem Instrument:

- hinsichtlich der Klangqualitäten,
- hinsichtlich der erlebten Attraktivität,
- hinsichtlich einer unbestimmten allgemeinen „Faszination",
- hinsichtlich der Erfolge oder Misserfolge beim ersten Ausprobieren,

4.2.4 Die Wahlentscheidung der Kinder

Die Fragen im Rahmen der wissenschaftlichen Begleituntersuchung zu diesem
Aspekt lauteten:

*Können die Kinder unter den angebotenen Instrumenten „ihr" Wunschinstru-
ment auswählen? Wie verläuft ihr Entscheidungsprozess und welche Einflüsse
spielen möglicherweise eine Rolle? Nach welchen Kriterien wählen sie aus? Wie bewerten die Eltern, wie bewerten
die Pädagogen der Schule die freie Wahlmöglichkeit der Kinder? Wie bewährt
sich die Instrumentenwahl im Projektverlauf?*

Die Wahlentscheidung der Kinder für ihr Instrument erwies sich – wie nicht
anders erwartet – als vielschichtiger, komplexer Prozess, der von einer Reihe
verschiedener Einflussfaktoren geprägt ist. Um es vorwegzunehmen: Es wird
hier nicht in Anspruch genommen, alle diese Einflussfaktoren identifizieren zu
können und wirklich letztendlich Gewissheit zu erlangen, welche Motive und
Bedingungen tatsächlich dazu geführt haben, wie die Kinder die Wahl für ihr
Instrument getroffen haben. Ein letztes Geheimnis bleibt – bei aller Bemühung
um Einsichtnahme in dieses Geschehen. Dennoch konnten eine Reihe von Bedingungen und Zusammenhänge gefunden werden, die einen Einblick in die

Erlebnisse und Erfahrungen geben, die die Kinder im Prozess der Wahlentscheidung gemacht haben und sie – vielleicht – zu ihrer Entscheidung gelangen ließen.

Um in die Entscheidungsprozesse der Kinder Einblicke zu gewinnen, werden im Folgenden Ausschnitte aus verschiedenen Datenquellen des Projektes vorgestellt und interpretiert, in denen es um eben diese Entscheidungsprozesse geht. Die Beispiele zeigen auf exemplarische Weise verschiedene Aspekte der Kontexte, Bedingungen und Konsequenzen der Wahlprozesse der Kinder.

Eine Beobachtung aus dem Instrumentenkarussell

Gespräch mit einem Mädchen auf dem Weg zum Klassenzimmer

M: Wir haben heute Instrumentenkarussell. Meine Mama hat gemeint, ich soll Geige nehmen, weil die am besten zu mir passt.
Ch.H.: Und was möchtest Du?
M: Eigentlich auch Geige. Aber heute hatten wir die Blasinstrumente. - Geige oder Querflöte oder Horn. Horn ist eigentlich auch sehr schön.
(Beobachtungsprotokoll IK 2004, Ch.H.)

Aus dieser kurzen Szene ergeben sich eine Reihe von Erkenntnissen über das Erleben des Mädchens und Hinweise, wie sie den Entscheidungsprozess für die Wahl eines Musikinstrumentes erlebt.

Sie hat offenbar zu Hause mit ihrer Mutter einmal oder auch mehrere Male über das Musikprojekt und die Instrumentenwahl gesprochen. Im Verlauf dieser Gespräche über die Entscheidung für ein Instrument hat die Mutter eine Meinung geäußert: sie solle Geige nehmen. Die Mutter hat ihr auch eine Begründung für diese Meinung mitgegeben: die Geige würde zu ihr passen. Diese Meinung kann als „Alltagstheorie" identifiziert werden, die kurz formuliert lautet: Es gibt ein Passungsverhältnis zwischen einem Instrument und demjenigen, der dieses Instrument erlernt. Zu ihrer Tochter „passt die Geige". Die Gründe für dieses von der Mutter wahrgenommene „Passungsverhältnis" teilt das Mädchen hier nicht mit – ob die Mutter mit ihr darüber gesprochen hat, ist nicht bekannt. Das Mädchen übernimmt aber zunächst diese Meinung der Mutter und geht mit dieser Wahlentscheidung in das Instrumentenkarussell. Auf die Frage, „was möchtest Du?" bestätigt sie zunächst den Wahlvorschlag der Mutter. Allerdings übermittelt sie bereits in ihrer Antwort eine Einschränkung in ihrer Übereinstimmung mit der Meinung der Mutter, wenn sie die Zustimmung mit einem „eigentlich" einleitet („Eigentlich auch Geige".) Diese erste angedeutete Abweichung von der Meinung der Mutter ergab sich für sie aus der Erfahrung, die sie an diesem Tag durch die Begegnung mit den Blasinstrumenten im Rahmen des Instrumentenkarussells erfahren hat („Aber heute hatten wir die Blasinstrumente"). Diese Erfahrung war für sie offenbar so eindrücklich, dass der ursprünglich übernommene Wahlvorschlag der Mutter „Geige" für sie ins Wanken gekommen ist. Zum Zeitpunkt des Flurgesprächs ist ihr Entscheidungsprozess aber noch nicht abgeschlossen – sie fasst ihn in der knappen Aufzählung zusammen, beginnend mit dem ersten Instrument „Geige" führt er sie über die Querflöte und zum Horn. Zu einer endgültigen Wahl ist sie zu diesem Zeitpunkt aber noch nicht gelangt – ein vorsichtiges „eigentlich" macht deutlich, dass sie ihrer Wahrnehmung noch nicht entscheidungsleitend trauen kann („Horn ist eigentlich auch sehr schön."). Ihre Erfahrung steht noch im Gegensatz zur mütterlichen Meinung – es ist – in aller Vorsicht – zu vermuten, dass sie sich in einem weiteren Gespräch mit ihrer Mutter noch vergewissern muss, ob sie mit ihr noch im Einklang ist, falls sie ein anderes Instrument als die Geige für sich als schön und wünschenswert erwählen würde.

Betrachtet man die Ergebnisse der Fragebogenerhebung, so ist dieser Entscheidungsprozess für viele Kinder – so oder ähnlich – typisch: Die meisten Kinder haben die Entscheidung für ihr Instrument während oder nach dem Instrumentenkarussell getroffen, und zwar auch diejenigen, die mit einer eigenen oder einer von den Eltern vorgeschlagenen Instrumentenpriorität in das Instrumentenkarussell gegangen sind. Das Beispiel zeigt auf sehr anschauliche Weise die vorsichtige Distanzierung von einem Elternvotum hin zu einer eigenen, auf der Grundlage der gemachten Erfahrungen zu treffenden Entscheidung im Erleben der Kinder.

Kommentar zur Instrumentenwahl aus einem Fragebogen

Auch der folgende Kommentar einer Mutter auf dem ersten Fragebogen (FB1/2004, 17M) gibt Einsicht in die Bedeutung der Instrumentenwahl als „Schwellensituation" – und zwar für Mutter und Kind:

> *„Nach dem Ausprobieren der Instrumente überlegte meine Tochter sehr lange, ob sie lieber Geige oder Horn spielen solle. Die Entscheidung fiel ihr sehr schwer und hat sie zum Teil auch belastet. Normalerweise helfe ich ihr bei schweren Entscheidungen oder nehme sie ihr ab. Diesmal musste sie aber alleine entscheiden, zumal sie zwischen Geige (dem Instrument das ich bevorzugt hätte) und Horn (das Instrument, das ich nicht gewählt hätte) entscheiden sollte. Ich hätte mir sehr gewünscht, dass ein Gespräch mit einem Betreuer des Instrumentenkarussells hätte stattfinden können, als Entscheidungshilfe. Ist dies vielleicht noch möglich? Ich bin mir nämlich nicht so sicher, dass meine Tochter „richtig" entschieden hat. "*

Nach erfolgtem Gespräch mit der Projektleiterin entschied sich das Mädchen für „ihr" ursprüngliches Wunschinstrument, das Horn.

Die Instrumentenwahl durch das Kind wird hier als krisenhaftes Ereignis für Mutter und Kind beschrieben. Es ist die erste „schwere Entscheidung", die das Kind allein treffen muss! Die Mutter kann ihr nicht, wie sie es „normalerweise" tut, dabei helfen oder ihr diese Entscheidung gar abnehmen. Das Kind ist offenbar hin- und hergerissen zwischen dem „Wunschinstrument" der Mutter (Geige) und dem Instrument, das die Mutter ausdrücklich nicht wünscht (Horn). Das Kind löst den Konflikt nun nicht, indem es einfach das Wunschinstrument der Mutter wählt, auch wenn es sie offenbar belastet. Auch die Mutter steht in einem inneren Konflikt: Zum einen übernimmt sie die Projektregel (das Kind muss selbständig wählen) und sie traut ihrer Tochter diese Wahl in gewisser Weise auch zu. Sie hätte sie ja sonst beeinflussen und dem Kind, wie früher, bei der Entscheidung helfen können. Konfrontiert mit den Wahlalternativen des Kindes – Geige oder Horn – gerät ihr Zutrauen aber ins Wanken, und zwar offenbar vor allem deshalb, weil das Kind eine Entscheidung gegen den mütterlichen (ausgesprochenen oder unausgesprochenen Wunsch) treffen könnte. Auch sie löst den Konflikt nicht, indem sie dem Kind die Entscheidung abnimmt (und damit auf frühere Lösungsmuster in solchen Situationen zurückgreift), sondern sucht einen Weg, die Entscheidung zu „objektivieren", indem sie Beratung durch einen Projektmitarbeiter sucht. Solcherart gestützt kann das Kind am Ende tatsächlich eine selbständige Wahl treffen: das Horn – eine Wahl, die dann von der Mutter unterstützt wird.

Diese beiden Szenen stehen exemplarisch für eine Reihe von Beobachtungen und Auskünften aus den Fragebögen: Sie können geradezu als Schlüsselszenen für die besondere Schwellensituation der Kinder im Alter von etwa sieben Jahren gelten, die gekennzeichnet ist von der entwicklungsgeschichtlichen Aufgabe, aus dem elterlichen Schutzraum herauszutreten und immer mehr Selbständigkeit zu erlangen. Die eigene Instrumentenwahl ist dabei eine – vielleicht sogar *die* – erste wichtige Entscheidung im Leben der Kinder.

Aus einem Fragebogen

Dieser Fragebogen, der einige Tage nach dem Instrumentenkarussell ausgefüllt wurde, zeigt den Prozess der Wahl bis zur Entscheidung (FB1/2004, Nr. 4M).

2. Was hat Ihr Kind zu Hause über seine Erlebnisse beim Instrumentenkarussell erzählt? Bitte skizzieren Sie kurz Ihre wichtigsten Eindrücke.
Es hat viel Spaß gemacht. Nach dem ersten Tag (Blasinstrumente) wollte M. Horn oder Trompete spielen, da hatte sie schon einen Ton „herausbekommen"! Mit den

Streichinstrumenten hat sie schon ein kleines Lied erlernt, das sie uns immer wieder begeistert vorträgt.

3. Hat Ihr Kind schon vor dem Instrumentenkarussell gesagt, welches Instrument es gern spielen würde? Wenn ja: welches Instrument war das? (Bitte auch Instrumente nennen, die nicht im Instrumentenkarussell angeboten wurden.)
Geige

4. Möchte Ihr Kind zurzeit gar kein Instrument erlernen und auch nicht am Musikprojekt teilnehmen? Warum nicht?
/

5. Hat Ihr Kind sich schon für ein Instrument entschieden – und wenn ja, für welches?
Cello

6. Wenn Ihr Kind sich schon entschieden hat: Wann fiel diese Entscheidung?
Der Entschluss stand schon vor dem Instrumentenkarussell fest [ ]
Der Entschluss wurde aufgrund der Schautafel mit den
Instrumenten getroffen   [ ]
Der Entschluss wurde während oder nach der Teilnahme am Instrumentenkarussell getroffen [x]

7. Hat Ihr Kind gesagt, warum es gerade dieses Instrument gewählt hat?
Der Ton klingt so schön – schöner als bei der Geige

8. Hatte Ihr Kind schon vorher Berührung mit dem Instrument? Wenn ja: bei welcher Gelegenheit/zu welchem Anlass?
Nein

10. Was ist Ihrer Meinung nach der ausschlaggebende Grund oder Anlass für die Entscheidung Ihres Kindes? Bitte skizzieren Sie kurz, was Ihnen zum Entscheidungsprozess als bedeutsam erscheint!
M. hat bereits ohne unser „elterliches Zutun" bei Freunden auf der Geige geübt und war sehr glücklich, dem Instrument „saubere Töne" entlocken zu können. Ihr gefallen die Klänge des Cello mehr als die der Geige.

11. Haben (oder hatten) Sie einen Wunsch, welches Instrument Ihr Kind spielen sollte? Können Sie Gründe dafür angeben?
Nein – nur dass es ein Instrument spielen kann, um die gesamte Entwicklung positiv zu beeinflussen.

12. Haben (oder hatten) Sie einen Wunsch, welches Instrument Ihr Kind *auf keinen Fall* spielen sollte? Können Sie Gründe dafür angeben?
Nein

13. „Passt" das Instrument, das Ihr Kind ausgewählt hat, Ihrer Meinung nach zu Ihrem Kind oder eher nicht? Welches Instrument würde Ihrer Meinung nach zu Ihrem
Kind passen? Bitte kurz begründen.
*Möglicherweise „passt" das Cello zu M. Vielleicht ist es der warme Klang als Ge-
genpol zu ihrem lebhaften Temperament.*

Ausgangspunkt ist bei diesem Mädchen zunächst eine Vorentscheidung für ein
Instrument: die Geige. Wie sich aus der Antwort auf die Frage 10 zeigt, hatten
die Eltern hier keine Empfehlungen für ein bestimmtes Instrument ausgespro-
chen. Vielmehr waren es eigene Erfahrungen des Mädchens beim Spiel auf der
Geige von Freunden und das Erfolgserlebnis, ihr „saubere Töne" zu entlocken.
Die hier erlebten Fähigkeiten beim Ausprobieren waren für das Mädchen offenbar das Kriterium für diese erste Wahl, also die Erfahrung, richtig mit dem Instrument umgehen zu können. Die Erlebnisse während des Instrumentenkarussells führten dazu, dass das Mädchen seine ursprüngliche Entscheidung änderte
und sich für ein anderes Streichinstrument entschied, das Cello. Als Begründung
für diese Wahl hat das Mädchen offenbar geäußert: „Der Ton klingt so schön –
schöner als bei der Geige". Anders als in der kurzen Beobachtungsszene aus dem
Instrumentenkarussell oben wird hier der Grund benannt: der Tonklang ist es,
der schließlich zum entscheidenden Wahlkriterium wurde und der ihr wichtiger
wurde als das spontane eigene technische Vermögen beim Ausprobieren der
Geige.

Aus den Antworten der Fragen 11 bis 13 wird die Haltung der Eltern zur
Bedeutung des Instrumentalunterrichts und des gewählten Instrumentes für ihre
Tochter deutlich. Das Erlernen eines Instruments wird von diesen Eltern grundsätzlich befürwortet. Ihre Erwartung lautet: Das Erlernen eines Instrumentes ist
positiv für die Entwicklung des Kindes. Zur Passung des Instrumentes geben sie
eine „Alltags- oder Passungstheorie" an, wenn auch vorsichtig und mit einem
Fragezeichen („möglicherweise", „vielleicht") versehen: Das Instrument – Cello
– passt zu ihrer Tochter, weil es durch seinen warmen Klang einen Gegenpol zu
ihrem lebhaften Temperament darstellt.

Die Analyse aller Fragebögen und der Elterninterviews zeigte eine Vielzahl
von Passungstheorien, die die Eltern zum Verhältnis ihres Kindes zum gewählten
Instrument äußerten. Dabei fanden sich sowohl – wie im dargestellten Beispiel –
Passungstheorien, die auf der Gegensätzlichkeit der wahrgenommen Eigenschaften des Kindes zum Instrument beruhten, wie auch solche, die die Übereinstimmung hervorheben. In allen Fällen führten sie bei den Eltern zur Erwartung, dass
das Erlernen des als „passend" definierten Instrumentes sich positiv auf die Entwicklung des Kindes auswirken werde und damit zu einer Unterstützung und
einer befürwortenden Haltung hinsichtlich der Beteiligung des Kindes am Musikprojekt. (Zu den Passungstheorien der Eltern siehe 4.2.5*).*

Ausschnitt aus einem Interview

Der folgende Ausschnitt entstammt einem Interview, das zwei Jahre nach Projektbeginn mit einem Jungen und seiner Mutter geführt wurde.

I.: Sag, wie kommt das, dass ... du dir Trompete ausgesucht hast?
J. (Junge): Ja die [Klassenlehrerin] hatte so Zetteln mhm und in der zweiten Klasse war das und da mhm konnten wir uns aussuchen, welche welches Instrument wir mhm ja spielen können.
I.: Ja gut, aber ich mein du hättst ja auch Cello lernen können.
J.: m-m (Kopfschütteln)
I.: Fandst du das so schön golden oder was hat dir so gut gefallen?
J.: Weil, weil alle meine Freunde drin waren.
I.: Aaah ja das versteh ich allerdings. Die spielen alle Trompete?
J.: (Kopfnicken)
I.: Wie viele sind das denn?
J.: Drei.

Im Rückblick erinnert sich dieser Junge zunächst an die Schautafeln mit den Instrumenten, die von der Klassenlehrerin ausgeteilt wurde. Das Instrumentenkarussell und die Erlebnisse mit der Vorstellung der verschiedenen Instrumente kommen ihm auf die Frage des Interviewers nicht in den Sinn. Die Fragen des Interviewers, die auf die Kriterien der Wahl abzielen, beantwortet er schließlich (trotz der etwas tastenden und leicht suggestiven Fragen des Interviewers) mit der Antwort, dass es die Freunde waren, die auch das Instrument gewählt haben und in deren Gruppe er mitlernen wollte, und zwar „alle meine Freunde".

Gerade dieses Kriterium: ein Instrument zu wählen, weil die Freunde es auch gewählt haben, wurden in den Interviews und Gesprächen mit den Pädagogen häufig als Beleg angeführt, dass Kinder gar nicht frei wählen, sondern sich nach anderen Kindern richteten. Dieser Einwand erscheint zunächst plausibel, weil hier nicht die eigene innere Einstellung zum Instrument als ausschlaggebend erscheint, sondern ein äußerer Grund: die Gemeinschaft mit den Freunden. In der Erwartung, über einen Zeitraum von zwei Jahren regelmäßig zweimal die Woche in einer festen Gruppe gemeinsam zu lernen und zu musizieren, kann die Frage der Gruppenzusammensetzung durchaus entscheidend für ein Kind sein. Etwas Neues, Unbekanntes bei einem neuen, unbekannten Lehrer zu lernen (und das bedeutete für viele der Kinder das Musikprojekt), ist ja schon fremd genug – dies in einer Freundesgruppe zu tun, kann hier sehr beruhigend und festigend sein. Eine Wahl haben die Kinder, die danach entschieden, ja in jedem Fall getroffen, und zwar eine eigene und freiwillige.

Wie sich gezeigt hat, wirkte dieses Wahlkriterium ebenso nachhaltig wie andere, mehr instrumentenbezogene Kriterien: Nur in wenigen Einzelfällen brachen die Kinder den Instrumentalunterricht während der Projektzeit von zwei Jahren ab oder wechselten zu anderen Instrumenten oder in andere Gruppen (siehe 3.2).

Die in den Beispielen genannten Wahlkriterien der Kinder für ihr Instrument (technische Beherrschbarkeit und Klangfarbe; die Freunde) sind einige typische von vielen und vielfältigen Kriterien, die als wahlentscheidend identifiziert werden konnten.

Mögliche Einflussfaktoren durch die Eltern oder das nahe Umfeld

Wird die Instrumentenwahl der Kinder durch das Instrumentenspiel oder den eigenen Instrumentenwunsch der Eltern beeinflusst?

Um Hinweise zu finden, ob es einen Zusammenhang zwischen der Instrumentenwahl der Kinder und dem Instrumentalspiel oder auch unerfüllten Instrumentenwunsch ihrer Eltern oder dem Instrumentalspiel in der näheren Umgebung des Kindes gibt, wurden die Eltern im 1. Fragebogen (1/2004) danach gefragt:

Frage 14. Spielen Sie selbst ein Instrument und wenn ja, welches?
Vater: Mutter:

Antworten:
Vater und Mutter spielen *kein* Instrument: 13
davon gaben 6 an, früher ein Instrument gespielt zu haben.
Vater und/oder Mutter spielen nur wenig/gelegentlich ein Instrument: 5
Vater und/oder Mutter spielen (mindestens) ein Instrument: 13

Von den Kindern der 13 Väter und/oder Mütter, die (mindestens) ein Instrument spielen, hat lediglich ein Kind dieses Instrument gewählt (FB/M2: Kontrabass wie die Mutter). Ein Kind wollte gern das Instrument wählen, das ihre Mutter spielt, es wurde aber im Projekt nicht angeboten (FB1/M 28: Leier).

In der folgenden Frage wurden die Eltern danach gefragt, ob sie selbst gern ein Instrument gespielt hätten und wenn ja, welches.

Frage 15. Hätten Sie gern ein Instrument/ein anderes Instrument gespielt, und wenn ja, welches?
Vater: Mutter:

Instrumentenwunsch beide Elternteile:	9
Instrumentenwunsch ein Elternteil:	14
Kein Instrumentenwunsch:	8

Immerhin: viele Eltern bzw. Elternteile (23 von 31) gaben Instrumente an, die sie gern erlernt hätten, darunter sowohl Eltern, die ein Instrument – aber ein anderes – spielten oder spielen, wie auch solche, die kein Instrument spielen.

Interessant ist, dass nur in zwei Fällen das Kind ein Instrument gewählt hat, dass der Vater (FB20) bzw. die Mutter (FB22) auch gern gespielt hätte und das sie sich auch für ihr Kind gewünscht hätten.

Daraus kann man immerhin eine Tendenz erkennen: Eine Beeinflussung der Kinder in die Richtung, dass sie bei der eigenen Wahl die unerfüllten Instrumentenwünsche ihrer Eltern realisieren, ist nicht maßgeblich festzustellen. Dass es solche Wünsche von Eltern dennoch gibt, zeigt der folgende Kommentar einer Mutter, deren Kind Querflöte gewählt hatte: Auf die Frage, welches Instrument sie sich für ihr Kind gewünscht hätte, schreibt sie: *„Geige, weil das ein Kindheitstraum von mir war (natürlich)"* (FB1, Nr. 25/M). Sie äußert sich aber auch ganz zufrieden mit dem von ihrem Kind gewählten Instrument, der Querflöte.

Nach dem möglichen Einfluss aus der näheren Umgebung des Kindes wurde in der folgenden Frage gesucht: *„Frage 16. Spielt sonst jemand in Ihrer Familie und/oder Ihrem näheren Umfeld ein Instrument? Bitte notieren Sie kurz wer das ist und welches Instrument er oder sie spielt!"*

In fünf Fällen haben die Kinder ein Instrument gewählt, das Verwandte oder Freunde auch spielen.

Nimmt man die Ergebnisse der drei Fragen zusammen, so ergibt sich ein möglicher, aber in der Tendenz eher geringer Einfluss vom Instrumentenspiel der Eltern oder von Menschen der näheren Umgebung (7 von 31); ebenso wenig ein Einfluss eines unerfüllten Instrumentenwunsches der Eltern.

Wie haben die Kinder ihr Instrument gewählt?

Im ersten Fragebogen wurde zwar nicht ausdrücklich danach gefragt, ob das Kind selbständig gewählt hat oder inwieweit die Entscheidung durch die Eltern bestimmt wurde, aber immerhin geben die Antworten zum Wahlanlass (s.o.) Hinweise auf selbständige Wahlen vieler Kinder. Aus Beobachtungen im Instrumentenkarussell, aus Kommentaren in den Fragebögen, aber auch Äußerungen in den Interviews mit den Pädagogen und der Projektleiterin lässt sich ersehen, dass die Eltern die Instrumentenwahl ihrer Kinder auf verschiedene Weise begleiteten, indem sie z.b. bestimmte Instrumente für das Kind vorsahen. „Die soll ich nehmen", sagte ein Junge, als er im Instrumentenkarussell die Klarinette sah, oder indem sie bestimmte Instrumente ablehnten: *„Sie wollte nach dem Instrumentenkarussell auf Geige umsteigen, das konnte abgebogen werden"*, (FB1, Nr. 20M).

Bemerkenswert ist vor diesem Hintergrund das Ergebnis der Fragebogenerhebung nach einem (FB2/2005) und nach zwei Jahren (FB3/2006) Projektzeit. Die Eltern wurden gefragt, *wie* ihr Kind das Instrument gewählt hat: selbständig, mit Beratung oder ob jemand anderes das Instrument für das Kind ausgesucht hat.

Alle Eltern kreuzten *in beiden* Jahren an: *„Das Kind hat selbst gewählt"* (19 von 19 im 2. Fragebogen, 16 von 16 im 2. Fragebogen; insgesamt liegen Antworten von 26 Kindern vor, das sind ca. 43 % der am Projekt beteiligten Kinder).

Wie lässt sich dieses Ergebnis, das die selbständige Wahl aller Kinder konstatiert, in Zusammenhang bringen mit Hinweisen aus anderen Projektdaten auf die direkte oder indirekte Einflussnahme der Eltern?

Zunächst einmal bedeutet es, dass die Eltern selbst das Prinzip der selbständigen Wahl befürworten und vertreten. Ihre mehr oder weniger direkte Einflussnahme auf ihre Kinder schließt das offensichtlich nicht aus, weil dadurch die Deutung der Wahl als selbständige nicht in Frage gestellt wird. Das wird in dem zitierten Beispiel deutlich, in dem eine von den Eltern unerwünschte Wahl „abgebogen" wird – d.h. der Einfluss auf eine Weise ausgeübt wird, dass das Kind ihn nicht als Beeinflussung wahrnimmt.

Entscheidend ist von daher die schlussendliche Deutung der Wahl als selbständige der Kinder. Diese Deutung der selbständigen Wahl bedeutet für die Kinder, dass ihnen bescheinigt wird, die Aufgabe der Instrumentenwahl eigenständig bewältigt zu haben. Dies wiederum kann weitreichende Konsequenzen für das Erlernen des Instrumentalspiels im weiteren Projektverlauf haben. Die Verbundenheit mit dem Instrument kann dadurch, dass es selbst gewählt wurde, größer und tragfähiger sein, als wenn es offenkundig auferlegt würde. Zudem kann das Selbstvertrauen der Kinder gefördert werden, indem sie die erste Aufgabe im Musikprojekt – die eigene Wahl des Instruments – bewältigt haben. Das kann sich weiter auf das Selbstbewusstsein für die nächste Aufgabe auswirken: dem Erlernen des Instrumentes.

Zufriedenheit mit dem gewählten Instrument

In den Fragebögen 2 (2005) und 3 (2006) wurde in den Fragen 4 und 5 jeweils danach gefragt, ob das Kind und die Eltern mit dem gewählten Instrument zufrieden sind:
Von den 19 Antworten des *Fragebogens 2* – nach einem Projektjahr – sind

- in 16 Fällen Kind und Eltern ohne Einschränkungen zufrieden,
- in zwei Fällen ist das Kind zufrieden, die Eltern nur eingeschränkt:

„Ja, weil Kind glücklich damit ist und die Lehrerin „liebt", nein, weil die Geige oft ungestimmt ist bzw. sich leicht verstimmt und dann schräg klingt". Passt das Instrument? *„Ja, weil der Eindruck vom Umgang des Kindes mit dem Instrument stimmig ist."* (Nr. 18M, Geige)
„Wir können J. kaum unterstützen, da wir keine Saiteninstrumente spielen. Das Instrument ist schwer + unhandlich." Passt das Instrument? *„Ja + nein. Ja: Die tiefen Töne wirken beruhigend auf J. Nein: Vielleicht hätte er bei seinem Temperament besser Trommel gespielt."* (Nr. 6J, Kontrabass)

- in einem Fall sind Kind und Eltern nur eingeschränkt zufrieden:

„M. hat den Wunsch geäußert, nach dem Musikprojekt ein anderes Instrument (Geige) zu spielen. Das Cello ist recht groß und schwer und damit eine große Belastung für M. auf dem Heimweg." Passt das Instrument? *„Von den Transportproblemen abgesehen – ja. M. spielt gern auf dem Cello und der warme, volle Ton scheint eine ausgleichende Wirkung auf M. zu haben."* (Nr. 2M, Cello)

Unter den 14 Antworten der Projektteilnehmer im *Fragebogen 3* – nach zwei Projektjahren – sind

- in 12 Fällen Kind und Eltern zufrieden (davon 5 Erstantworten im FB3),
- in 2 Fällen Kind und Eltern unzufrieden (davon eine Antwort wie im FB2):

„Das Instrument ist ihr zu groß." Sind Sie zufrieden mit dem Instrument? *„Nein, weil das Instrument recht groß + schwer ist und M. einen relativ weiten und anstrengenden Fußweg damit zurücklegen musste, haben wir immer wieder ‚Abholak-*

tionen' planen müssen – durch Berufstätigkeit sehr schwierig. " Passt das Instrument? *„An sich passt das Instrument schon, aber das umständliche Handling im Alltag sorgte immer wieder für Spannungen.* " *(*Nr. 2M, Cello – wie in FB2) *„Geige + M. passen nicht zusammen.* " Welches Instrument würde besser zu Ihrem Kind passen und warum? *„Querflöte, Klarinette.* " Das Kind hatte die Geige selbst gewählt; das Üben war eine *„Katastrophe* ". Nach dem Musikprojekt wird es Querflöte lernen. (Nr. 8M, Geige)

Bis auf einzelne Ausnahmen waren nach einem und nach zwei Jahren des Musikprojektes Kinder und Eltern mit dem gewählten Instrument zufrieden. In einem Fall von Unzufriedenheit (Nr. 2M) passte das Instrument eigentlich, war aber zu groß und unhandlich – ein Wechsel zur Bratsche löste dieses Problem. In dem anderen Fall (Nr. 8M) scheint sich das selbstgewählte Instrument Geige als „nicht passend" erwiesen zu haben – möglicherweise durch die „katastrophalen" Üb-Erfahrungen. Ein Wechsel zur Querflöte ist geplant. In dem Fall des Mädchens Nr. 18M haben die Eltern ihre Meinung in der Zeit zwischen der zweiten und dritten Befragung geändert und sind nun zufrieden (sie hatte der „schräge Ton" gestört, der sich zwischenzeitlich wohl gebessert hat).

Kritik an der selbständigen Wahlentscheidung der Kinder von Pädagogen der Schule

Wie am Angebot der Instrumente im Projekt, so gab es auch Kritik seitens der Pädagogen der Schule an der selbständigen Wahlentscheidung der Kinder.

Ausschnitt aus einem Pädagogeninterview

„Wir sollten mehr Empfehlungen ausgeben. Mehr Hinweise an die Hand geben, was pflegt ein Kind mehr, welches Instrument oder welcher Art fördert welche Bereiche an einem Kind mehr, und man kann wie homöopathisch oder allopathisch, ob wir sagen, wir wollen das, was im Kind liegt, weiter begünstigen, oder wir wollen gegensteuern. Dass, also dass man Kriterien mitgibt und dass wir das eigentlich nicht einem Ankreuzverfahren auf dem Bogen hinterher überlassen, die haben sich für Geige angemeldet und die haben sich für Flöte angemeldet und wie kriegen wir jetzt die Gruppen zusammen. Das ist sehr oberflächlich, denke ich." (*Aus einem Pädagogeninterview 2006)*

Dieser Ausschnitt steht stellvertretend für viele Aussagen aus den Interviews mit Pädagogen der Schule, die dem Konzept der freien Instrumentenwahl durch die Kinder kritisch bis ablehnend gegenüberstanden. Die freie Wahl erscheint dieser Interviewpartnerin „oberflächlich" und gewährleistet ihrer Meinung nach nicht das, worauf es bei dem Erlernen eines Instrumentes ankommen sollte: dass es das Kind „pflegt", dass es „das, was im Kind liegt, weiter begünstig(t)" oder dem, was das Kind nicht begünstigt, „entgegensteuert". Hier wird möglicherweise auf eine Theorie der „Konstitution" des Kindes im Verhältnis zum Instrumentencharakter Bezug genommen, der eine anthroposophische Variante der Temperamentenlehre zugrunde liegt. Diese formuliert eine Beziehung zwischen der seelischen Qualität eines Temperaments und entsprechenden körperlichen Gestaltmerkmalen: Hiernach entspricht beispielsweise die Geige dem Temperament des Melancholikers, die Flöte dem Temperament des Sanguinikers („oben wach und beweglich"). Die zitierte Pädagogin zeigt kein Vertrauen darin, dass ein Kind bei einer freien Wahl selbst spüren könnte, welches Instrument ihm gut tun, welches es fördern könnte. Stattdessen äußert sie eine sehr weitreichende pädagogische Überlegung, dass von außen, von Erwachsenen sicher erkannt werden könne, welche Eigenschaften eines Kindes gefördert oder welchen Eigenschaften entgegengesteuert werden müsste und durch welches Instrument eine solche Förderung erfolgen könnte. Auch hier liegt eine unausgesprochene Passungstheorie zwischen Instrument und Kind zugrunde, die allerdings weder hier noch an anderer Stelle konkret ausformuliert wird (dies ist auch in den anderen Interviews nicht der Fall). Möglicherweise geht diese Haltung auf eine pädagogische Theorie über fehlende Selbständigkeit in diesem Lebensalter zurück, nach der davon ausgegangen wird, dass durch solche Wahlentscheidungen eine unerwünscht verfrühte Autonomie gefördert wird, oder gar, dass Kinder dieses Alters mit der selbständigen Entscheidung für ein Instrument überfordert werden. Die Interviewte gibt einer unbestimmten Hoffnung Ausdruck, es möge Grundlagen für sicher eruierbare günstige Korrelationen von Instrumenteneigenschaften und charakterlich-konstitutiven Anlagen der Kinder geben, welche den erwachsenen Ratgebern den Weg für Instrumentenempfehlungen weisen könnten. Interessant ist, dass ebenso wie in den Passungstheorien der Eltern sowohl „homöopathische" wie „allopathische" Wirkmechanismen für möglich gehalten werden: das heißt, dass sowohl Instrumente, mit ähnlichen als auch solche mit entgegen gesetzten Eigenschaften für das Kind hilfreich und förderlich sein könnten.

Die Konsequenz dieser Annahme ist eine Grundhaltung der Pädagogen, mit Skepsis und Sorge die freie Instrumentenwahl der Kinder zu bewerten. Sie kann tendenziell zu einer ablehnenden Haltung gegenüber dem gesamten Musikprojekt führen.

Frage nach der Passung des Instrumentes zum Kind aus der Perspektive der Eltern

Die Projektkonzeption geht – implizit – davon aus, dass das Kind durch seine selbständige Wahl ein Instrument wählt, dass in einem bestimmten Verhältnis zu ihm „passt". Die Analyse der ersten Datenerhebungen (Interview mit der Projektleiterin, teilnehmende Beobachtungen, Gespräche mit Eltern und Pädagogen) ergab zudem, dass das Passungsverhältnis von Instrument und Kind auf dem Hintergrund von Erfahrungswissen und Alltagstheorien – durchaus kontrovers – im Rahmen des Projektes zu Diskussionen führte. Deshalb wurden die Eltern in der Fragebogenerhebung ausdrücklich danach gefragt, wie sie die „Passung" von dem gewählten Instrument und ihrem Kind sahen – in der Erwartung, durch die so gestellte Frage Aufschlüsse über ihre Haltung zu finden. Die Frage war auch, ob sich durch die Erfahrungen mit dem Instrument im Laufe der Projektzeit die Haltung der Eltern hinsichtlich des Passungsverhältnisses möglicherweise veränderte.

So wurden die Eltern in allen drei Fragebögen nach der Passung des Instrumentes zu ihrem Kind gefragt (FB1, Frage 13; FB 2 und FB3, Frage 6). Unter den insgesamt 66 Antworten liegen von 17 Kindern Antworten zu mindestens zwei Zeitpunkten vor, von 7 zu allen drei Zeitpunkten.

FB1 (2004) (N=31)
Das Instrument passt: 19
Das Instrument passt nicht: 3
Weiß nicht/keine Antwort: 6
Vielleicht/nur zum Teil: 3

FB2 (2005) (N=19)
Das Instrument passt: 17
Das Instrument passt nicht: 0
Ja und nein: 1
Weiß nicht/keine Antwort: 1

FB3 (2006) (N=16)
Das Instrument passt: 12
Das Instrument passt nicht: 1
Weiß nicht/keine Antwort: 3

Ergebnis:
Die überwiegende Mehrzahl der Antworten bescheinigte eine Passung zwischen Kind und Instrument. In einigen Fällen konnten sich die Eltern – trotz konstatier-

ter Passung des gewählten Instrumentes – dabei auch ein anderes Instrument für ihr Kind vorstellen.

In drei Fällen (Nr. 1J; Nr. 2M; Nr. 18M), von denen alle drei Fragebögen vorliegen, wandelte sich die anfängliche Skepsis der Eltern über die Passung des Instrumentes zu ihrem Kind zu einer positiven Meinung in FB2 und FB3. Ein Kommentar äußerte dazu: „*Sie hat sich instinktiv für das richtige Instrument entschieden, obwohl uns Trompete lieber gewesen wäre*", *(Nr. 9M); ein anderer:* „*Sie spielt es gern, warum auch immer.*" *(Nr. 21M).*

In einem Fall (Nr. 2M) schränkten die Transportprobleme des Instrumentes (Cello) die an sich positive Haltung zur Passung ein: „*An sich passt das Instrument schon, aber das umständliche Handling im Alltag sorgte immer wieder für Spannungen.*" Im dritten Fragebogen verneinten die Eltern die Passung von Kind und Instrument, weil sich die Transportprobleme nicht lösen ließen.

Die Analyse der Passungstheorien der Eltern, die sie in den Kommentaren zu diesen Fragen sowie den Fragen nach den vermuteten Begründungen für die Instrumentenwahl der Kinder (FB1, FB2, FB3) äußerten, beschreibt das folgende Kapitel von *Michael Kalwa.*

4.2.5 „*Unser Kind ist ein typisches Cello-Kind!*" *– Theorien von Eltern zur Passung ihrer Kinder und deren Instrumente (Michael Kalwa)*

Im Zuge der Begleitforschung zum Projekt „Jedem Kind sein Instrument" geriet ein Phänomen in den Fokus unserer Untersuchungen, dem wir bald vermehrt unsere Aufmerksamkeit widmeten. Dieses Phänomen der ‚Passungsgewissheiten' von Eltern brachte eine Mutter auf folgende Weise eindrucksvoll auf den Punkt: „Unser Kind ist ein typisches Cello-Kind!"

Welche Erfahrungen geben den Eltern eine Grundlage für ihre Passungsaussagen?

Aufgrund der erhobenen Daten lässt sich nicht zeigen, wie die elterlichen Passungshypothesen entstanden sind, und auch nicht, welche Komponenten für das Entstehen solcher Hypothesen konstitutiv sind (eine ausführliche Studie zu dem Thema findet sich in Kalwa 2011). Erste Anhaltspunkte aber können die von den Eltern formulierten Begründungen geben.

In den meisten Fällen weisen die Passungsbegründungen der Eltern wenigstens zwei Aspekte auf: Sie beschreiben bestimmte Eigenarten ihres Kindes und setzen diese in ein Verhältnis zu Merkmalen des in Rede stehenden Instrumentes. Sowohl die Charakterisierungen der Kinder als auch diejenigen der Instrumente können sich dabei auf sehr unterschiedliche Aspekte beziehen: Physiologische und/oder seelische Merkmale der Kinder werden in Bezug gesetzt zu äußeren – physikalischen – Aspekten der Instrumente, aber auch zu bestimmten Klangmerkmalen oder aber zu einer bestimmten Art von Musik, die man für ein Instrument als besonders charakteristisch empfindet.

Es gibt kaum Expertenhilfen bei der Instrumentenwahl, die über den Aspekt der physiologischen Eignung hinausgehen. Wohl einzige Ausnahme in der Literatur ist das Buch „Das richtige Instrument für unser Kind: Der praktische Ratgeber für Eltern und Lehrer" von Atarah Ben-Tovim und Douglas Boyd. (Ben-Tovim/Boyd 1986). Ben-Tovim und Boyd bieten den Eltern ein „Dreiwegprofil" (Ben-Tovim/Boyd 1986, S. 23) an, indem sie anregen, die Kinder unter den Gesichtspunkten Körper, Geist und Persönlichkeit mithilfe dreier von den Autoren vorgegebener Tabellen systematisch zu charakterisieren. Anschließend beschreiben die Autoren unter entsprechenden Gesichtspunkten eine Vielzahl von Instrumenten und raten den Eltern, die individuellen Charakterprofile ihrer Kinder zu den Instrumenten-Profilen in Bezug zu setzen. Auf diese Weise, so die Autoren, lasse sich eine „systematische Bestimmung des richtigen Instrumentes" (Ben-Tovim/Boyd 1986, S. 18) durchführen. Allerdings fehlen in der Publikation die empirischen Grundlagen für ihre Empfehlungen: Die Autoren berufen sich zwar auf ein „zehnjähriges Forschungsprogramm" (Ben-Tovim/Boyd 1986, S. 10), führen jedoch keine konkrete Studie zu diesem Forschungsprogramm an.

Neben den Ansätzen von Ben-Tovim und Boyd gibt es insbesondere im Bereich der Waldorfpädagogik eine ganze Reihe von Annahmen, die phänomenologische Beziehungen zwischen physiologischen, psychologisch-charakterlich-temperamentsmäßigen und Ich-Signaturen eines Menschen und der besonderen Eigenart verschiedener Instrumente herausstellen. Diese gehen von dem der Waldorfpädagogik zugrunde liegenden anthroposophischen Menschenbild aus, das den Menschen als leiblich-seelisch-geistige Einheit versteht und deshalb vielfältige Interdependenzen zwischen der leiblichen Organisation, der seelischen Konfiguration und der individuellen Ich-Signatur jedes Menschen beschreibt.

Solche ‚Waldorf-Passungs-Theorien' wurden im Rahmen dieser Studie allerdings nur von Pädagogen geäußert; Eltern hingegen bezogen sich bei der Angabe von Passungsgründen nie auf diese Theorien, sondern schilderten in der Regel durchaus nachvollziehbar ihre eigenen Empfindungen und Überlegungen, die sie zur jeweiligen Passungsaussage veranlasst hatten. Die Frage nach der Passung eines Instrumentes ist für die Eltern keine theoretisch-prinzipielle, sondern hat einen konkreten Bezug: *Ihr* Kind hat bereits ein Instrument gewählt und nun ist die Frage, ob eben *dieses* Instrument ‚passt'.

Bei der Beantwortung der Passungsfrage nehmen die Eltern recht unterschiedliche Perspektiven ein. Grundsätzlich unterscheiden sich diese Perspektiven im Hinblick auf folgende Aspekte:

Einerseits formulieren die Eltern *Indizien*, die auf die Passung eines Instrumentes hindeuten. Meist handelt es sich bei diesen Indizien um die Tatsache, dass bestimmte physiologische Voraussetzungen, die beim Kind gegeben sind, einer oder mehreren speziellen Anforderungen eines bestimmten Instrumentes entsprechen. Treffen also in diesem Sinne Voraussetzungen eines Kindes auf besondere Anforderungen eines Instrumentes oder – andersherum – treffen besondere Anforderungen eines Instrumentes gerade auf Voraussetzungen, die beim Kind in besonderem Maße ausgeprägt sind, dann „passt" dieses Instrument. Zwei Beispiele: Eine Mutter empfindet die Querflöte als passend für ihre Tochter, da sie davon ausgeht, dass zum Spielen dieses Instrumentes ein kräftiger Atemorganismus nötig sei und ihr Kind „ausreichend Puste" dafür habe. Eine andere Mutter empfindet die Querflöte als besonders passend für ihre Tochter, da sie besonders „für ihre schmalen Finger geeignet" sei. Genauer besehen definiert sich Passung in solchen Fällen also dadurch, dass das Kind und seine besonderen Voraussetzungen speziellen Anforderungen eines Instrumentes in besonderem Maße entsprechen. Verkürzt gesagt: Hier passt eigentlich das Kind zum Instrument.

Nur auf den ersten Blick ähnlich verhält es sich mit Entsprechungen zwischen Kind und Instrument, die nicht auf physiologische, sondern auf seelische Aspekte bezogen werden. Erheblich häufiger als physiologische werden nämlich von den Eltern *Entsprechungen zwischen seelischen Merkmalen eines Kindes und charakteristischen Merkmalen eines Instrumentes* genannt, die als analog zu bestimmten seelischen Qualitäten erlebt werden. So wird beispielsweise im Hinblick auf die Geige eine positive Passung begründet: „Sensibles Instrument und sensibles Kind." Anders als in der oben genannten ersten Kategorie, in der eigentlich die Frage war, ob das Kind zum Instrument passe, ist in dieser Perspektive eindeutig die Frage: Passt das Instrument mit seinen typischen klanglich-musikalischen Merkmalen zu seelisch-charakterlichen Eigenarten eines Kindes?

Eine dritte und vierte Kategorie von Passungsaussagen bauen auf den zwei bisher genannten auf. Beide unterscheiden sich aber in einer Hinsicht deutlich von ihnen: Zwar ist auch hier von Entsprechungen auf physiologischer und/oder seelischer Ebene die Rede, sie werden aber nicht mehr einfach nur als Passungs-*indizien* genannt, sondern es werden mit ihnen bestimmte *Hoffnungen bzw. Erwartungen* verbunden. Passung zwischen Kind und Instrument liegt demnach vor, wenn – auf der Grundlage physiologischer oder seelisch-charakterlicher Entsprechungen – der Umgang mit diesem Instrument mehr oder weniger deutlich konturierte Wirkungen erwarten lässt. Meist geht es darum, dass mithilfe des Instrumentes entweder bestimmte körperliche oder seelische Merkmale eines Kindes, die von den Eltern als grundsätzlich positiv empfunden werden, angesprochen und gestärkt werden können, oder dass als eher problematisch bzw.

defizitär ausgebildet erlebte physiologische oder seelische Merkmale des Kindes gezielt gefordert – und dadurch gefördert – oder aber auch ‚gedämpft' und ausgeglichen werden können. So argumentiert beispielsweise ein Elternpaar, die Trompete könne zu ihrem Sohn, der „eher leise, zurückhaltend" sei, passen, gerade weil sie „das genaue Gegenteil zu ihm" sei und er „eben mal etwas [brauchte], mit dem er sich Gehör verschaffen konnte, – durch das er auch mal laut sein konnte". In einem anderen Fall wird das Cello als passend für die Tochter empfunden: „Vielleicht ist es der warme Klang als Gegenpol zu ihrem lebhaften Temperament." In wieder anderen Fällen wird – wie schon angedeutet – auf Verstärkung mittels entsprechender Eigenschaften eines Instrumentes gehofft: Ein Kind hat Geige gewählt. Wegen seines Asthmas „wäre mir [der Mutter] Trompete lieber gewesen". Ein anderes Kind – es hat das Cello gewählt – wird von den Eltern als „bodenständig" beschrieben: „Nach einem Jahr kann ich [die Mutter] sagen, dass es eine gute Wahl war, das Cello ist ein bodenständiges Instrument und unterstreicht diese Eigenschaft unserer Tochter."

Für noch eine weitere Kategorie ist der Aspekt von *Erwartungen, Hoffnungen, Intentionen*, die an den Umgang mit einem Instrument geknüpft werden, und deren – bereits am Kind beobachtete oder doch erwartete – Erfüllung dann als Passungskriterium genannt wird, charakteristisch. So erleben Eltern ein Instrument bereits aufgrund der Tatsache als passend, dass ihr Kind es selbstständig und unbeeinflusst gewählt hat, da sie nämlich der Überzeugung sind, „dass seine [des Sohnes] Wahl die beste sein wird". In einem ähnlichen Fall bringt eine Mutter den Aspekt der *Motivation* in Zusammenhang mit der Tatsache, dass das Kind selbst gewählt hat: „Ich denke, das, was er sich aussucht, das passt, zumindest ist es [das Kind] motiviert." Weitere Aspekte dieser Kategorie lassen sich festmachen an einer Art Stimmigkeits- oder Flow-Erlebnis, das die Eltern an ihren Kindern beobachten: Das Instrument passt, „weil der Eindruck vom Umgang des Kindes mit dem Instrument stimmig ist", weil das Kind „zufrieden" ist, weil es sein Instrument „leicht handhaben" kann oder (mehrfach genannt): Kind und Instrument „sehen gut zusammen aus". Dabei kann sich die Beziehung zwischen Kind und Instrument bis hin zu einer quasi-persönlichen entwickeln: Ein Mädchen „hütet und schützt ihre Geige wie eine kleine Freundin". Im weitesten Sinne handelt es sich bei diesen Passungsaspekten um eine *Stärkung bzw. positive Intensivierung des Selbsterlebnisses* der Kinder. Dieser Kategorie werden im Einzelnen recht unterschiedliche konkrete Aspekte des Instrumentenwahl-Vorganges bzw. des Umgangs mit einem Instrument zugeordnet. Auffallend allerdings ist, dass im Zusammenhang mit diesen Passungsindizien keine konkreten Merkmale eines Instrumentes zu bestimmten Merkmalen des Kindes in Bezug gesetzt werden, sondern dass hier eher allgemeine und für verschiedene

Instrumente (und Kinder) denkbare Indizien für Passung mit erwarteten bzw. erhofften Wirkungen in Verbindung gebracht werden.

Die hier genannten Kategorien von Passungsaussagen lassen sich folgendermaßen zusammenfassen:

1. Indizierend:

    a. Physiologische Voraussetzungen des Kindes entsprechen bestimmten Anforderungen eines Instrumentes.

    b. Seelische/charakterliche/temperamentmäßige Voraussetzungen des Kindes entsprechen typischen/charakteristischen klanglichen oder musikalischen Merkmalen eines Instrumentes.

2. Intentional (Hoffnungen, Erwartungen):

    a. Physiologische Ebene:
        i. Prinzipiell oder zumindest tendenziell positiv erlebte physiologische Voraussetzungen des Kindes sollen angesprochen und verstärkt werden
        ii. Eher als problematisch erlebte oder defizitär ausgebildete physiologische Merkmale des Kindes sollen gezielt gefordert – und dadurch gefördert – werden.

    b. Psychologische Ebene:
        i. Prinzipiell oder zumindest tendenziell positiv erlebte seelische/charakterliche/temperamentsmäßige Voraussetzungen des Kindes sollen angesprochen und verstärkt werden.
        ii. Eher als problematisch erlebte oder defizitär ausgebildete seelische/charakterliche/temperamentsmäßige Merkmale des Kindes sollen gezielt gefordert und dadurch gefördert werden.
        iii. Auf zwar besonders ausgebildete, aber als eher problematisch erlebte seelische/charakterliche/temperamentsmäßige Merkmale des Kindes soll ausgleichend, beispielsweise „beruhigend", gewirkt werden.

    c. Personale Ebene:
        i. Stärkung bzw. positive Intensivierung des Selbsterlebnisses durch unbeeinflusste, selbstständige Instrumentenwahl.
        ii. Motivierung aufgrund unbeeinflusster, selbstständiger Instrumentenwahl.
        iii. Stimmigkeits- oder Flow-Erlebnisse

Alle Passungsaspekte aus der Sicht von Eltern zeichnen sich dadurch aus, dass sie der Persönlichkeitsentwicklung ihres Kindes dienlich und förderlich sind: durch affirmative, das Selbstbild stärkende und das Selbsterlebnis positiv färbende Erlebnisse im Umgang mit einem Instrument.

4.2.6 Zusammenfassung der Ergebnisse zur Instrumentenwahl

Die Kinder konnten alle in dem vorgesehenen Zeitrahmen ihr Instrument wählen. Die meisten Kinder behielten ihr gewähltes Instrument während der gesamten Projektzeit.

Die Kinder trafen ihre Wahl im Spannungsfeld verschiedener Einflüsse und sie wählten schließlich dasjenige Instrument, das am besten zu ihrem *Selbsterleben* im Verhältnis zu dem Instrument passte. Dabei wirken zahlreiche äußere und innere Einflüsse auf das Selbsterleben des Kindes im Entscheidungsprozess ein. Bei seiner Wahl sucht das Kind diese Einflüsse in ein bestmögliches Gleichgewicht zu bringen. Die Gewichtung der Einflüsse ist dabei von Kind zu Kind sehr unterschiedlich: so kann die erlebte Faszination eines Instrumentes so groß sein, dass sie die kritische Haltung der Eltern überwiegen lässt; umgekehrt können das Bedürfnis nach Harmonie und Übereinstimmung mit dem Elternwunsch zu einem anderen als dem ursprünglichen Wunschinstrument führen.

Für die Kinder kann die selbständige Instrumentenwahl eine womöglich erste wichtige Entscheidung bedeuten, die sie alleine treffen sollen. Wenn es ihnen gelingt, können sie dadurch einen Schritt hin zu einer größeren Autonomie und Selbständigkeit machen.

Die Verbundenheit mit dem Instrument und damit die positive Auswirkung auf die Nachhaltigkeit der Wahl zeigt sich an der geäußerten Zufriedenheit mit dem Instrument während des Projektverlaufes und an der geringen Zahl der Kinder, die den Instrumentalunterricht in dieser Zeit abbrachen.

Im Interesse des Gelingens der freien Wahlentscheidung ist es allerdings wichtig, dass der Entscheidungsdruck für das Kind nicht zu groß wird und es in diesem Sinn bei der selbständigen Entscheidung begleitet wird. Dass das Kind allein entscheidet, bedeutet nicht – wie manche Eltern, vor allem aber auch einige Pädagogen an der Schule missverständlicherweise annahmen – , dass es dabei alleine gelassen wird und eine Beratung und Begleitung des Entscheidungsprozesses durch Eltern oder andere Erwachsene ausgeschlossen ist.

Alle Eltern kreuzten in den Fragebögen an, dass ihre Kinder ihr Instrument selbständig ausgewählt hatten. Sie unterstützten diese freie Wahl ihrer Kinder auch dann, wenn sie eigentlich ein anderes Instrument ausgesucht hätten. Viele Eltern begründeten die Wahl ihrer Kinder mit einer „Passungstheorie", d.h. einer

Annahme darüber, warum gerade das gewählte Instrument zu ihrem Kind passe. Diese Passungstheorien zeigten eine beachtliche Vielfalt und Bandbreite. Die Eltern orientieren sich bei ihrer Bewertung der „Passung" an der Erwartung einer (persönlichkeits)fördernden Auswirkung des Instruments auf das Kind.

Die Instrumentallehrer des Dortmunder Projektes teilten die konzeptionelle Grundannahme, dass die Kinder ihr Instrument selbständig auswählen können und sollen. Ihre Begründungen zur Passung von Kind und Instrument orientierten sich daran, ob und inwieweit die Kinder in der Lage waren, das gewählte Instrument technisch und musikalisch erlernen zu können.

Die befragten Pädagogen an der Dortmunder Waldorfschule widersprachen mehr oder weniger dezidiert der Projektvorgabe, dass die Kinder ihr Instrument frei wählen sollten. Sie meinten, die Kinder müssten bei der Wahl beraten werden, und zwar im Hinblick auf ein angenommenes „Passungsverhältnis" der Eigenheiten von Kind und Instrument. Sie äußerten die Erwartung, dass es – vor allem auf der Grundlage von Rudolf Steiners Schriften – begründete Theorien oder Erkenntnisse über ein solches Passungsverhältnis gebe oder dass ein solches zu entdecken sei.

4.3 Der Instrumentalunterricht in Kleingruppen

Der äußere Rahmen: Räume und Zeiten innerhalb der Schule
Der *vertraute Rahmen* war für die Kinder vor allem zu Beginn ihres Unterrichts am Anfang der zweiten Klasse sehr wichtig und hilfreich. Viele kannten sich noch nicht genug in den Räumlichkeiten der großen Schule aus, um sicher und allein den richtigen Raum zu finden. Auch hatten einige zu Beginn Scheu vor den noch fremden Instrumentallehrern. In diesen Fällen begleitete die Klassenlehrerin die Kinder in ihren Unterricht und gab ihnen so die notwendige Sicherheit.

Unterrichtsräume
Die *Raumfrage* erwies sich in der Dortmunder Schule als Problem und Dauerherausforderung für die Projektorganisation, weil es insgesamt zu wenige Räume für den großen Bedarf des Musikprojektes an zwei Tagen in der Woche gab. In den Zeiten des Instrumentalunterrichts fanden noch viele Fachunterrichte statt, so dass auch die Fachräume nicht oder nur für eine begrenzte Zeit frei waren und wechselnde Räume genutzt werden mussten. Diese Umzugsprobleme waren nicht nur für die Instrumentallehrer, sondern vor allem auch für die Kinder eine Erschwernis: für sie hätte es vor allem am Anfang ein größeres Maß an Sicherheit bedeutet, wenn sie immer in denselben Räumen Unterricht gehabt hätten.

Für die Bereitstellung der notwendigen Unterrichtsräume waren regelmäßig enge Absprachen mit dem Kollegium der Schule, den verantwortlichen Raum- und Stundenplankollegen sowie den Klassen- und Fachlehrern erforderlich. Manche Lehrer unterstützten das Musikprojekt, indem sie ihren Fachraum an den Projekttagen regelmäßig für den Instrumentalunterricht freigaben. Andere stellten ihre Räume grundsätzlich nicht zur Verfügung, mit unterschiedlichen Begründungen.

Auch beim Unterricht in den bereitgestellten Räumen gab es immer wieder Reibungen mit dem Schulgeschehen: Instrumentalunterricht verursacht naturgemäß Geräusche und die dringen auch durch Türen und Wände. Ein Notunterrichtsraum wurde im Vorraum des Lehrerzimmers eingerichtet und da störte der Unterricht häufiger die Lehrer, die sich im Lehrerzimmer zu Besprechungen, Vorbereitungen oder zum Ausruhen aufhielten oder durch den Vorraum zur Toilette gehen wollten.

Die Projektleiterin suchte immer wieder kreativ nach Möglichkeiten, geeignete Räume für den Instrumentalunterricht auf dem Schulgelände zu finden, die für die Kinder auch auffindbar sein sollten. Zur besseren Übersicht hatte sie im Lehrerzimmer eine Liste mit den Namen und Fotos der Instrumentallehrer sowie deren Stundenplänen ausgehängt. Auf diese Weise konnten die Kinder dort von allen Lehrern Auskunft bekommen, wenn sie vergessen hatten, wann und wo sie Unterricht hatten bzw. wenn er in einem anderen Raum als gewöhnlich stattfand.

Unterrichtszeiten

Die *Unterrichtszeiten* von 30 Minuten an zwei Tagen in der Woche haben sich für die Kinder bewährt. Die Erfahrungen der Instrumentallehrer zeigten, dass die Kinder eine sehr hohe Konzentration beim Instrumentalunterricht aufbringen müssen. Damit in dieser halben Stunde genügend Zeit für den eigentlichen Unterricht bleibt, müssen die Instrumente bereits zu Beginn der Stunde griffbereit und einsatzfähig sein. Das bedeutet vor allem bei den Streichinstrumenten eine gute Vorbereitung: die Instrumente müssen bereits am Morgen im Instrumentenraum gesammelt werden, damit sie von den Instrumentallehrern gestimmt werden können.

Die Wahl der beiden Wochentage, an denen der Instrumentalunterricht stattfindet, und der Abstand der Tage können einen nicht unerheblichen Einfluss auf den Erfolg des Instrumentenlernens und insbesondere auf das Üben haben. Die Projekttage in Dortmund, Dienstag und Donnerstag, erwiesen sich insofern als günstig, weil nur ein Tag dazwischen liegt: Mit einem Tag Pause ist die Wiederholung des Stoffes am zweiten Unterrichtstag der Woche zeitnah möglich, in der folgenden längeren Pause kann der neu erlernte Stoff dann geübt werden. Die großen Instrumente konnten in Ausnahmefällen am projektfreien Mittwoch in der Schule bleiben und damit die Transportprobleme verringert werden.

Die Instrumentallehrer
Idealerweise gibt es an einer Schule eine feste Gruppe von Instrumentallehrern, die die Kinder im Rahmen des Musikprojektes unterrichten. Diese Bedingung lässt sich aber nicht vollständig erfüllen. Ein organisatorischer Grund dafür liegt darin, dass jedes Jahr die Zahl und Zusammensetzung der Instrumentengruppen verschieden sind.

In den Räumen der Dortmunder Schule unterrichteten auch unabhängig vom Musikprojekt einige freiberufliche Instrumentallehrer Kinder aller Klassen. Ein Teil der Instrumentallehrer im Musikprojekt gehörte diesem Kreis der solcherart mit der Schule bereits verbundenen Musikpädagogen an. Allerdings reichten deren Zahl und deren Instrumentenschwerpunkte nicht immer aus, um alle Wunschinstrumente der Kinder abzudecken. So mussten anfänglich oft kurzfristig – zwischen der Instrumentenwahl vor den Sommerferien bis zu Beginn des nächsten Schuljahres – weitere Lehrer für das Musikprojekt gesucht werden. Instrumentallehrer mit besonderer Ausbildung im Gruppenunterricht für Grundschulkinder sind – vor allem für bestimmte Instrumente – schwer zu finden, so dass immer wieder auch Instrumentallehrer engagiert wurden, die noch keine Erfahrung mit Gruppenunterricht im Grundschulalter hatten. Diese Unerfahrenheit konnte vor allem mit Hilfe der Projektleitung und der Kollegen durchaus in absehbarer Zeit überwunden werden. Dennoch wurde im Laufe des Musikprojektes auch immer wieder die Erfahrung gemacht, dass manche Instrumentallehrer dem Unterricht in Gruppen mit sieben- bis neunjährigen Kindern nicht gewachsen waren. Andere Probleme ergaben sich durch Unzuverlässigkeit, Unpünktlichkeit, fehlendes Engagement im Gesamtprojekt über den eigenen Unterricht hinaus und anderen Unverträglichkeiten, so dass gelegentlich Instrumentallehrer aus ihrem Engagement entlassen und Ersatz für sie gefunden werden musste.

Im Laufe des beobachteten Projektzyklus an der Dortmunder Schule bildete sich eine Kerngruppe engagierter, der Schule und dem Projekt fest verbundener Instrumentallehrer heraus, die neue Kolleginnen und Kollegen in der Regel schnell integrieren konnte. Die Instrumentallehrer arbeiteten bald als gleichberechtigtes Team zusammen. Auf regelmäßigen Konferenzen stimmte sich diese Gruppe der Instrumentallehrer gemeinsam mit der Projektleiterin nicht nur über die notwendigen organisatorischen Fragen ab, sondern auch über die verwendete Musikliteratur im Unterricht und über musikpädagogische und -didaktische Fragen. In kleinen Vorträgen brachten die einzelnen Instrumentallehrer ihr besonderes Expertenwissen ein, so dass sie voneinander lernen und sich gegenseitig anregen konnten. Die aufgrund der unterschiedlichen Ausbildungen und musikpädagogischen Erfahrungen divergierenden Meinungen z.B. zum Einsatz von Noten, dem richtigen Zeitpunkt für den Beginn des Zusammenspiels und öffentlicher Aufführungen wurden mit dem Ziel diskutiert, eine gemeinsame Vorgehensweise in ihrem Unterricht zu erreichen. Auch über einzelne Kinder und mögliche Empfehlungen für einen Gruppen- oder Instrumentenwechsel wurde dort beraten.

Arbeitsgruppe Musikprojekt Rudolf Steiner Schule Dortmund
Im Laufe des ersten Projektjahres des beobachteten Zyklus rief die Projektleiterin einen „Arbeitskreis Musikprojekt" an der Dortmunder Schule ins Leben, nachdem es in organisatorischen und musikpädagogisch-inhaltlichen Fragen immer wieder zu Kritik und Konflikten gekommen war. Teilnehmer waren die Projektleiterin, die Klassenlehrerinnen und verschiedene andere Pädagogen der Schule, die am Musikprojekt Interesse hatten, um regelmäßig über die anstehenden Fragen zu sprechen.

Es kristallisierte sich heraus, dass viele Fragen und auch Kritikpunkte bezüglich des Musikprojekts die „Passung" des Unterrichts – vor allem des Musikunterrichts in den Klassen – nach waldorfpädagogischen Grundsätzen und das instrumentalpädagogische Vorgehen der Lehrer im Musikprojekt betrafen. Die meisten Instrumentallehrer waren keine Waldorfpädagogen und kannten sich in der Pädagogik nur wenig aus. Nach Ansicht des Arbeitskreises resultierte daraus eine Reihe von Problemen und Reibungspunkten, zum Beispiel zur Verwendung von Musikstücken, die vom Inhalt oder von der Stimmung als nicht alters- und entwicklungsgemäß erachtet wurden. Um hier abzuhelfen und einen engeren Austausch zwischen Schullehrern und Instrumentallehrern zu ermöglichen, wurde schließlich eine Arbeitstagung durchgeführt, die vor allem als „Pädagogische Fortbildung für Instrumentalpädagogen und Interessenten" gedacht war. Lehrer und Pädagogen der Dortmunder Schule stellten in einzelnen Vorträgen und praktischen Übungen den Unterricht und den Lehrplan der Kinder in den ersten vier Klassen vor. Im Zentrum standen der Musikunterricht, die Eurythmie, aber auch die menschenkundlichen Grundlagen der Waldorfpädagogik für die erste bis vierte Klasse. Die meisten Instrumentallehrer nahmen an dieser Fortbildung teil, und sie wirkte sich in der Folge positiv im Sinne eines besseren Verständnisses und einer besseren Abstimmung zwischen Instrumentalpädagogen und Schulpädagogen aus.

Unterricht in Kleingruppen
Das Musikprojekt sieht vor, dass die Kinder nach der Wahl ihres Instrumentes in Gruppen von drei bis vier Kindern zwei Jahre lang Unterricht haben. Die Vorteile des Gruppenunterrichts werden von der Konzeption her vor allem darin gese-

hen, dass die Kinder sich gegenseitig etwas beibringen können, dass mit Hilfe von Bewegungsspielen und Geschichten interessante musikdidaktische Elemente realisiert werden und dass durch das „Mithören beim Spielen" Tonvorstellungen gebildet werden können (Schieren 2003, 9). Die Fähigkeit zum Zusammenspiel mit anderen werde gefördert: „Die Kinder motivieren sich in den Gruppen, wie es sich in dem Musikprojekt in Bochum gezeigt hat, gegenseitig, so dass eine positive Unterrichtsatmosphäre entsteht. Leistungsdifferenzierung wird angestrebt, indem auch verschiedene Aufgaben gegeben werden. ... Auch bei einem Konzert kann in verschiedenen Besetzungen musiziert werden." (Schieren 2003, 7)

Neben musikpädagogischen Gründen spielen auch pragmatische und ökonomische Gründe für den Gruppenunterricht eine Rolle: Einzelunterricht ist teurer, benötigt mehr Instrumentallehrer, eine Einbindung des Instrumentalunterrichts an zwei Tagen in der Woche im Rahmen des Vormittags, wie es die Projektstruktur vorsieht, wäre nicht mehr umsetzbar.

Zur Gruppengröße: In den Gruppen sollen drei bis vier Kinder zusammen unterrichtet werden – größere Gruppen haben sich nach den Erfahrungen von Mirjam Schieren für Kinder dieser Altersgruppe nicht bewährt. Da die Umsetzung des Projektzieles „Jedem Kind *sein* Instrument" absoluten Vorrang hat, wird immer dafür Sorge getragen, dass tatsächlich jedes Kind sein Wunschinstrument lernen kann. Dafür wird in Kauf genommen, dass es auch zu Gruppen mit nur zwei Kindern oder gar zu Einzelunterricht kommt.

Das Musikprojekt sieht vor, nach einem Jahr die Gruppen umzubesetzen, „um individueller auf die Lerntempi der Kinder eingehen zu können." (Schieren 2003, 7) Eine Umsetzung dieser Zielvorgabe erwies sich in vielen Gruppen als notwendig, da sie sich schnell sehr heterogen entwickelten; konnte aber nicht immer realisiert werden.

Bei der *Zusammensetzung der Gruppen* zu Beginn wurden auch die Klassenlehrerinnen von der Projektleiterin um Rat gefragt, die bei ihren Empfehlungen vor allem auf das Lernverhalten, die Verträglichkeit der Kinder und darauf, dass die Gruppenzusammensetzung für die Konzentration und Disziplin förderlich waren, achteten. Solche Empfehlungen lassen sich allerdings nur verwirklichen, wenn es mehrere Gruppen zu Auswahl gibt, denn auch unter dem Gesichtspunkt der Gruppenzusammensetzung geht der Grundsatz vor, dass jedes Kind sein Wunschinstrument lernen darf, auch wenn dafür weniger günstige Konstellationen in Kauf genommen werden müssen. Es ist dann allerdings mehr pädagogisches Geschick des Instrumentallehrers gefragt!

In Einzelfällen bekamen sehr begabte Kinder eine Stunde in der Woche Einzelunterricht. Diese erhielten sie bei demselben Instrumentallehrer, bei dem sie die zweite Stunde weiter in der Kleingruppe mit anderen Kindern zusammen

waren, weil ihre Eltern das gemeinsame Lernen weiterhin für wichtig erachteten. Ebenso erhielten phasenweise auch die Kinder eine Stunde Einzelunterricht pro Woche, die – z.b. aus Krankheitsgründen – den Anschluss an die Gruppe sonst nicht mehr halten konnten.
Nach Ablauf der Projektzeit, also ab der vierten Klasse, sollte der Unterricht selbständig durch die Eltern organisiert werden, die dann auch entscheiden, ob ihre Kinder weiterhin Gruppen- oder Einzelunterricht erhalten.

Gruppenunterricht aus Sicht der Eltern

In den Fragebogenerhebungen wurden die Eltern zweimal nach ihren Einschätzungen zum Gruppenunterricht befragt: Im 2. Fragebogen nach einem Jahr Musikprojekt (FB2/2005; Frage 11) und im 3. Fragebogen nach Abschluss des Projektes (FB3/2006, Frage 10).
Vom Fragebogen 2 liegen Antworten zu 19 Kindern vor, vom Fragebogen 3 zu 16 Kindern. In 9 Fällen haben die Eltern beide Fragebögen abgegeben, so dass insgesamt Antworten zu 26 Kindern vorliegen.
Die Einzelauswertungen ergeben folgendes Bild:

Fragebogen 2 (N=19)
Der Gruppenunterricht war „gut und richtig": 16
Einzelunterricht wäre besser gewesen: 3

Fragebogen 3 (N=16)
Der Gruppenunterricht war „gut und richtig": 16
Einzelunterricht wäre besser gewesen: 0

Die Begründungen für den Gruppenunterricht betonten vor allem die positiven Auswirkungen

- auf die gegenseitige Motivation der Kinder verbunden mit Spaß und Freude (*„In der Gruppe werden die Kinder motiviert durch die anderen. J. erlebte den Unterricht in der Gruppe als angenehm. Alleine spielen zu Hause mochte er gar nicht." FB3/2006, Nr. 15J. „Ansporn durch gemeinsames Spiel, - Leistungsmessung, Vergleichbarkeit --- macht den Kindern Spaß!" FB2/2005, Nr. 21M)*
- auf die Förderung ihrer sozialen Fähigkeiten im Kreis der Freunde *(„Unterricht in kleinen Gruppen à 3-4 Kinder finde ich gut! Man lernt das Zusammenspiel, Rücksicht auf die anderen Teilnehmer, man kann sich an den an-*

deren orientieren und hat mehr Spaß. M. fühlt sich wohl und hat Spaß am Lernen des Instrumentes mit Freunden. " FB2/2005, Nr. 33M)
- auf die Vergleichsmöglichkeiten mit anderen Kindern und die Unterstützung durch die Gruppe *(„Durch die Gruppe kann J. einschätzen, ob er ein Stück gut kann oder mehr üben muß. Die Gruppe fängt ihn auf, wenn es mal nicht so klappt. Trotz der unruhigeren Gruppensituation gefällt ihm der Unterricht gut.* " FB2/2006, Nr. 36 J).

Als negative Aspekte des Gruppenunterrichts werden genannt:

- zu wenig Zeit für den Instrumentalunterricht insgesamt und die Unterweisung der einzelnen Kinder *(„M. macht es in der Gruppe mehr Spaß, obwohl sie anfangs oft sagte, dass sie zu kurz zum Spielen kommt.* " FB2/2005, Nr. 20M);
- zu großes Leistungsgefälle in der Gruppe *(„Unser Kind hatte aufgrund seiner Schwierigkeiten das Lerntempo der Gruppe halten zu können, zuletzt ca. 3 Monate Einzelunterricht nach Absprache mit seinem Lehrer und Frau Schieren.* " FB2, Nr. 6J; der Gruppenunterricht wurde dennoch als *„gut und richtig"* bewertet);
- Gründe, die in der Individualität des eigenen Kindes gesehen werden *(„J. kam nicht gut mit den anderen zurecht. Die Anzahl der Kinder war optimal.* " FB3/2005, Nr. 9J; *„Einzelunterricht ist für J. intensiver, finde ich, volle Konzentration.* " FB3/2006, Nr. 12J).

Gruppen- oder Einzelunterricht nach Projektende?
Vor diesem Hintergrund ist es interessant, wie die Entscheidung für die Zukunft aussieht, wenn in der vierten Klasse der Unterricht selbständig organisiert werden muss. Nach den Fragen, ob das Kind weiter Unterricht bekommen soll, in welchem Instrument und bei welchem Lehrer, wurde auch nach der geplanten Unterrichtsform gefragt (FB3/2006, Frage 17). Die Antworten lauteten:

Einzelunterricht:	6
Gruppenunterricht:	3
Zu zweit:	1
Weiß noch nicht:	2
Keine Antwort:	4

Die Begründungen für den Gruppenunterricht betonten die Verstärkung und Motivation durch die anderen Kinder; als Begründungen für den Einzelunterricht wurde die größere Förderung durch den Lehrer betont.

Bei den Unentschiedenen hing es vom Lehrer ab, aber auch davon, ob eine Gruppe mit dem gleichen Leistungsstandard gefunden wird: *„Wenn er den gleichen Leistungsstandard wie ein anderer Junge hat, bekommt er Gruppenunterricht, ansonsten Einzelunterricht." (Nr. 1J)*

Der Kommentar für die Zweiergruppe verweist auf das Alter: *„Eine größere Gruppe finde ich zum jetzigen Zeitpunkt nicht mehr angemessen." (Nr. 9J.)*

Zusammengenommen verweisen die Ergebnisse auf folgende Tendenz: Gruppenunterricht ist nach der Meinung und Erfahrung der Eltern für das Alter der Kinder und den Beginn des Instrumentalspiels gut und in vielerlei Hinsicht förderlich. Für eine weitere fundierte Ausbildung im Instrumentalspiel hingegen wird der Einzelunterricht als sinnvolle und angemessene Unterrichtsform angesehen. In einzelnen Fällen wird auch bereits während der Projektzeit Einzelunterricht als besser erachtet.

Es gibt dabei mehrere *Bedingungen* für das Gelingen des Gruppenunterrichts:

- Die Instrumentallehrer müssen die musikpädagogische und -didaktische Kompetenz für den Unterricht mit Kindern in kleinen Gruppen haben.
- Das Lerntempo und die Motivation zum Erlernen des Musikinstrumentes müssen bei allen Beteiligten ungefähr gleich sein.
- Die Kinder müssen lernen abzuwarten, wenn sie nicht an der Reihe sind und der Lehrer einem anderen Kind etwas zeigt.
- Sie müssen sich genug konzentrieren können, auch wenn der Lehrer sie nicht allein anspricht.

Diskussion

Hinsichtlich der Frage, ob Gruppen- oder Einzelunterricht für das Erlernen eines Instruments vorzuziehen sei, sind sich die musikdidaktischen Experten einig: Einzelunterricht ist unverzichtbar für eine profunde und qualitätsvolle Ausbildung an einem Instrument.

„Der Normalfall ist ein Einzelunterricht! Er ist durch nichts zu ersetzen. In ihm erfährt der junge Mensch die volle, ungeteilte Aufmerksamkeit und Förderung, die allein bewirken kann, individuelle Schwierigkeiten des Lern- und Reifeprozesses angemessen zu lösen. Dabei besteht überhaupt kein Widerspruch zur Wertschätzung des Gruppenmusizierens, denn der optimale Ausbildungsgang besteht sowohl aus dem konzentrierten Lernen im Einzelunterricht als auch dem gemeinsamen Musizieren im Kammermusikensemble, dem Schulorchester oder der Band." (Rommel 1986, S. 9)

Neben dem Gruppenmusizieren von Schülern, wie sie Rommel hier vorschlägt, lehnt er Gruppenunterricht nicht grundsätzlich ab, sieht ihn aber sinnvollerweise beschränkt auf den Anfangsunterricht und den Unterricht mit jüngeren Kindern:

> „Gruppenunterricht kann besonders Spaß machen und sinnvoll sein – allerdings nur in der Anfangsphase. Später wiegt die Einsparung an Unterrichtsgebühr den Nachteil der auf zwei, drei oder vier Schüler verteilten Zuwendung des Lehrers nicht auf." (Rommel 1986, S. 9)

Eine besondere Zeitgemäßheit sieht Spitzer (2009) in den sozialen Aspekten des Gruppenunterrichts:

> „Die Gruppe hat den Vorteil, dass eine soziale Komponente zur Musik hinzukommt, die gerade heute nicht mehr selbstverständlich ist. ... (es) könnte ein Vorteil von Musikunterricht in Gruppen sein, dass der Aspekt der Gemeinschaft beim Musizieren stärker betont ist, gleichsam unmittelbar mit dazu gehört und nicht nur als ein Nebenprodukt der Tätigkeit gesehen wird." Aber auch er betont, dass Einzelunterricht „ab einem gewissen Grad des Könnens unverzichtbar" ist (Spitzer 2009, S. 328 f.).

In jedem Fall hängt der Erfolg des Gruppenunterrichts von der Fähigkeit der Instrumentallehrer ab, diesen auch zu gestalten, und diese Kompetenz wird in den Ausbildungen der Instrumentallehrer keineswegs selbstverständlich vermittelt.

4.4 Öffentliche Aufführungen und das Üben zu Hause

Im Projektzyklus sind mehrere öffentliche Aufführungen fest eingeplant: Die erste als Weihnachtskonzert bereits drei Monate nach Projektbeginn, die letzte als Abschlusskonzert Ende der dritten Klasse. Während der Aufführungen spielen die Kinder alle zusammen als Orchester wie auch in verschiedenen Ensembles (Streich- und Blasinstrumente, einzelne Instrumentengruppen oder auch solistisch). Das Repertoire wird frühzeitig von den Instrumentallehrern festgelegt und in den einzelnen Gruppen wie auch gruppenübergreifend geübt. Bei der Vorbereitung und der Durchführung der öffentlichen Aufführungen zeigte sich, dass die Verabredungen, das gruppenübergreifende Proben und die Vorbereitungen dem Instrumentalunterricht im gesamten Projekt wie dem der einzelnen Kinder eine Richtung und ein Ziel gaben. Allein durch die notwendigen Absprachen wirkten sie gemeinschaftsbildend auch in das Schulgeschehen hinein, indem z.b. auch die Klassenlehrerinnen je nach Interesse mehr oder weniger stark involviert wurden. Die Bedeutung der Aufführung im Sinne der Projektziele liegt vor allem in folgenden Punkten:

- Zielpunkte für das Üben,
- Bestätigung für das Erreichte,
- Motivation für das weitere Lernen und Üben,
- Gelegenheiten für jüngere Schüler, das Instrumentalspiel der älteren kennenzulernen und erste Begegnungen mit Instrumenten und dem Schülerorchester zu machen.

Das Gelingen der öffentlichen Aufführungen und der notwendigen Vorbereitungen im Sinne einer positiven Integration des Projektes in das Schulleben hing je nach Projekt in besonderem Maße von intensiven Absprachen zwischen den Projektmitarbeitern und den Klassenlehrerinnen ab, sowohl was die Beanspruchung von Unterrichtszeiten und -räumen anging als auch den Inhalt und die Gestaltung der Konzerte im Einzelnen. Förderliche Bedingungen dazu waren

- eine Beteiligung der Pädagogen an den Aufführungen und den Vorbereitungen,
- genaue Absprachen hinsichtlich der zusätzlich benötigten Probezeiten und -räume,
- Möglichkeiten zur Beteiligung aller Kinder der Klassen an den Aufführungen, also auch den Nicht-Projektteilnehmern (z.b. durch andere Instrumente, Singen, Blockflötengruppen, Tanz).

Die Bedeutung der öffentlichen Aufführungen für den *Instrumentalunterricht* wird in folgender Beobachtung einer Geigenstunde exemplarisch deutlich:

Die Kinder übten eine neue Bogenführung – den „Vogelstrich": der Bogen musste nach einigen Tönen des Musikstückes abgesetzt und in hohem Bogen – wie in einem Vogelflug – wieder angesetzt werden, natürlich auf die richtige Seite. Zwei der Kinder sagten nach einer Weile etwas entmutigt: „Ich kann das nicht". „Deshalb seid ihr ja hier und lernt es", sagte die Geigenlehrerin und schlug daraufhin vor, nun das Lied „So viel Heimlichkeit" zu spielen.
„Oh, das haben wir doch schon so oft gespielt", sagten die Kinder. „Wir müssen es aber für das Weihnachtskonzert richtig gut können", sagte die Geigenlehrerin und begann mit dem Stück. Die Kinder fielen sofort ein und spielten sehr konzentriert. (Beobachtungsprotokoll Ch.H., 18.11.2004)

Hier zeigen sich geradezu idealtypisch die beiden Erfahrungspole beim Erlernen eines Instruments:

Die Herausforderung, neue Fertigkeiten und Techniken zu erwerben, verweist das Kind darauf, etwas noch nicht zu können. Die Ungewissheit, das Neue erlernen zu können, kann sich entmutigend auswirken und bedarf der Unterstützung und Motivation.

Die Erfahrung, etwas schon gut zu können, kann Langeweile erzeugen – und damit verhindern, die neu erworbenen Fähigkeiten auszubauen und zu verfeinern. Auch hier benötigen die Kinder Ermutigung und Motivation.

Dem zunächst erfolglosen und daher entmutigenden Versuch der Kinder, eine neue Ansatztechnik zu lernen („Ich kann das nicht"), begegnet die Lehrerin in der zitierten Beobachtungssequenz mit dem Vorschlag, ein schon bekanntes und gekonntes Stück zu spielen. Es ist der Hinweis auf das nahende Weihnachtskonzert, das die Kinder motiviert, daran weiter zu üben, obwohl sie es doch „schon so oft gespielt haben". Dieses Ziel, das Stück für das Konzert richtig gut zu können, wird offenbar selbstverständlich und freudig von den Kindern geteilt.

Das Erlernen eines Instrumentes findet systematisch in dem beschriebenen Spannungsfeld statt, wobei die Erfahrungen der Kinder ständig zwischen den beiden Polen der Herausforderung, etwas Neues zu lernen (etwas noch nicht können) und dem Vertrauen in bereits erworbene Fähigkeiten und Fertigkeiten (etwas schon können) bewegen. Im Instrumentalunterricht muss es dem Lehrer gelingen, die Motivation und Ausdauer der Schüler beim Ausbalancieren beider Erfahrungsmöglichkeiten zu fördern, ihnen Selbstvertrauen für die anstehenden neuen Lernschritte zu vermitteln und gleichzeitig eine Bestätigung für das bereits Erlangte zu ermöglichen.

Erfahrungen der Kinder mit den öffentlichen Aufführungen

In offenen Fragen wurden die Eltern nach einem (FB2/2005, Frage 13) und nach zwei Projektjahren (FB3/2006, Frage 12) nach den Erfahrungen gefragt, die ihre Kinder mit den öffentlichen Aufführungen gemacht haben.

Alle Eltern schrieben mehr oder weniger ausführliche Kommentare zu diesen Fragen (N=35 Aussagen insgesamt). In der Essenz gleichen sich die berichteten Erfahrungen in beiden Fragebögen und lassen sich zusammenfassend so darstellen: Vor dem Konzert waren die Kinder aufgeregt, nach dem Konzert waren sie stolz. Die Aussicht auf das anstehende Konzert motivierte sie zum Üben.

Weihnachtskonzert der 2. und 3. Klassen

am 17. Dezember 2004
um 17.00 Uhr im Festsaal
der Rudolf-Steiner-Schule Dortmund

Programm

An die Freude

Lieber guter Nikolaus

Laßt uns froh und munter sein

So viel Heimlichkeit

„Unser Weihnachtslied"

Fuchs, Fuchs, Hühnerdieb

Morgen kommt der Weihnachtsmann

Hänsel und Gretel

Alle Jahre wieder

Kling Glöckchen klingelingeling

Jingle Bells

Es kommt ein Schiff geladen

Vöglein klein

Schneeflöckchen

Ihr Kinderlein kommet

We wish you a merry Christmas

Joseph, lieber Joseph mein

An die Freude

Wir wünschen allen eine schöne Weihnachtszeit!

Die verschiedenen Aspekte des Konzerterlebens werden in den folgenden Aussagen deutlich:

> „M. hat sehr fleißig geübt, war vor den Auftritten angespannt (regelrechtes Lampenfieber) und nach dem Konzert glücklich und stolz. Es hat sie gestärkt." (FB2, Nr. 14M)
> Die Kinder sind „an der Herausforderung gewachsen" (FB2, Nr. 18M).
> „Die Teilnahme an den Konzerten haben wir sehr positiv erlebt und M. hat auch dadurch mehr Zutrauen zu sich selbst gefunden". (FB2, Nr. 37M)
> „Er war stolz das Gelernte vorzuführen und Teil eines großen Orchesters zu sein." (FB2, Nr. 36J)
> „Sehr hoher Stellenwert, Ziel der Übungen." (FB3, Nr. 18M)
> „Sie war aufgeregt und hatte viel Freude an den Konzerten. Es war ihr wichtig und sie hat viele Freunde und Verwandte eingeladen." (FB3, Nr. 10M)

In mehreren Antworten ist von einer Entwicklung und wachsender Erfahrung die Rede, die die Kinder im Verlauf mehrerer Konzerte gemacht haben:

> „Beim ersten Konzert war unser Kind sehr aufgeregt und stand unter Anspannung. Beim zweiten Konzert war sie locker, fröhlich und freute sich über ihre Lernfortschritte." (FB2, Nr. 32M)
> „Voller Stolz, selbstbewusst, aber ganz unbefangen wie ein ‚alter Hase' auf der Bühne. Zwei Tage vorher nervös und aufgeregt, das änderte sich aber mehr zum Guten nach jedem Bühnenauftritt." (FB3, Nr. 9M)
> Lediglich in zwei Kommentaren finden sich leichte Einschränkungen hinsichtlich des positiven Konzerterlebens der Kinder: Ein Junge fand die Konzerte „manchmal etwas peinlich vor so vielen Menschen" (FB3, Nr. 15J); über einen anderen schreiben die Eltern: „Er nahm sie hin, steht nicht gern im Mittelpunkt/Bühne. War aber dennoch stolz dabei sein zu können" (FB3, Nr. 1J).

Das Üben

Der Erfolg des Instrumentenlernens hängt – das ist bekannt – davon ab, dass regelmäßig auch außerhalb des Unterrichts geübt wird. Die Eltern wurden von der Projektleiterin auf Elternabenden und in Informationsschreiben über die „Leitlinien" für das Üben informiert (siehe die „Projektinfo 8" im Anhang). Das Üben sollte kindgemäß nicht zu lange, aber regelmäßig zu Hause durchgeführt und von den Eltern unterstützt werden. Jedes Spielen auf dem Instrument, gerade auch wenn es nicht ausdrücklich als „Üben" benannt wurde, sei hilfreich für den Lernprozess. Dabei sei es wichtig, dass die Eltern sich Zeit nähmen, dem Kind auch beim Spielen interessiert zuzuhören.

In offenen Fragen (FB2, Frage 14 und FB3, Frage 13) wurden die Eltern nach den Erfahrungen mit dem Üben zu Hause gefragt. Alle Eltern haben Kommentare zum Üben geschrieben (N=35). Sie können in Aussagen über verschiedene „Üb-Typen" eingeteilt werden. Dabei kommen alle Typen zu beiden Zeitpunkten der Befragung vor, deshalb werden sie hier zusammengefasst:

A) Das Üben wird von Eltern und Kind als „Stress" empfunden: das Kind übt nicht von allein, die Eltern erwarten dies aber und es kommt zu Konflikten.

> *„Noch nicht regelmäßig – geringe Frustrationsgrenze." (FB2, Nr. 34M)*
> *„Wenig. Zeigt wenig bis gar keine Initiative, nur wenn er <u>sehr</u> aufgefordert wird. Sagt, er könne es, er würde im Unterricht immer gelobt und wäre da der Beste. Bereitet uns manchmal Stress, denn das Üben, wenn er es tut, zeigt Fortschritte!" (FB2, Nr. 16J)*
> *„Na, es hält sich in Grenzen, ich erwähne es, möchte aber dass er es von alleine macht." (FB2, Nr. 24J)*

B) Die Eltern erinnern das Kind regelmäßig an das Üben, es gibt vielleicht sogar bestimmte Regeln hinsichtlich Zeiten und Dauer; auf Aufforderung übt das Kind im vorgesehenen Rahmen oder sogar darüber hinaus.

> *„Ja täglich 5 Minuten. Wenn keine Zeit ist werden die 5 Minuten addiert und an einem anderen Tag geübt. Macht sie gern, muss aber erinnert werden." (FB2, Nr. 20M)*
> *„Ja, er übt, jedoch muss ich ihn erinnern, manchmal auch mal eine kleine Diskussion führen; aber in der Regel geht er nach der Erinnerung ans Spielen, und übt dann auch gut und lang genug (vorgegebene Zeit)." (FB2; Nr.1J)*
> *„Für das häusliche Üben war immer wieder Motivation von außen notwendig. Wenn der Anfang gefunden war – selbständiger Umgang." (FB3, Nr. 25M)*
> *„J. übt, wenn ich ihn daran erinnere, auch gerne länger als 15 Minuten. Dann spielt er alle aktuellen Stücke durch. Oft vergisst er das Üben – hat ‚keine Zeit'." (FB2, Nr. 36J)*

C) Das Kind übt selbständig und regelmäßig

> *„M. übt täglich außer an den Unterrichtstagen. Sie übt die Lieder, die z.Zt. gespielt werden, ca. 10 Minuten und übt am liebsten, wenn mein Mann oder ich zuhören." (FB2, Nr. 14M)*
> *„Gut. Sie hat von sich aus geübt." (FB3, Nr. 10M)*
> *„Innerhalb der ersten Monate kaum, dann zunehmend mehr aus eigenem Antrieb. (FB2, Nr. 24M)*

D) Das Kind übt selbständig, aber nur nach eigenen Rhythmen und Zeiten

> *„M. übt nur, wenn sie selber möchte, läßt sich nicht dazu anhalten. Je nach Stück übt sie gar nicht oder täglich mehrmals." (FB2, Nr. 27M)*

E) Das Kind übt wenig oder gar überhaupt nicht – weder von sich aus noch auf Aufforderung oder gar Druck durch die Eltern.

> *„Nie freiwillig bzw. nur unter Druck ---- Da wir keinen Druck ausüben möchten, übte M. zuletzt zu Hause nicht mehr." (FB2, Nr. 6M)*
>
> *„Katastrophe!! Freiwillig wollte er nicht üben und auf Aufforderung auch nicht. ,Er käme auch so im Unterricht gut mit.' Er hat fast nie geübt." (FB3, Nr. 15J)*

Der ideale Typus ist das Kind, das von sich aus motiviert selbständig nach den vorgegebenen Aufgaben übt (Typ C). Aus den Kommentaren aller Typen wird deutlich, dass die Eltern sich mehrheitlich an diesem Ideal orientieren. Die Kinder sind aber offenkundig nicht – oder noch nicht – alle in der Lage, diese Selbständigkeit und innere Motivation aufzubringen. Sie sind angewiesen auf „Erinnerung" und „Aufmunterung" zum Üben zu Hause. Die Eltern von Typ B stellen dies in Rechnung: Indem sie einfache und überschaubare Regeln zum Üben aufstellen („täglich 5 Minuten", die ggf. nachgeholt werden müssen) und das Kind auch daran erinnern, geben sie ihm einen sicheren Rahmen für ihre Üb-Aufgaben.

Die Eltern von Typ A hingegen erwarten, dass das Kind von sich aus übt. Die Diskussionen und Konflikte, die in den Kommentaren beschrieben werden, gehen nicht in erster Linie darum, dass das Kind nicht übt, sondern darum, dass es dies nicht selbständig und freiwillig tut ("… möchte aber dass er es von alleine macht", FB2, Nr. 24J). Diese Erwartung entspricht aber ganz offensichtlich (noch) nicht den Voraussetzungen und Fähigkeiten der Kinder, die *von daher* mit dem Üben nicht zurechtkommen, während zugleich die Konflikte und Diskussionen darum fruchtlos fortgesetzt werden.

In den Kommentaren in Typ E zeigen sich deutlich die mögliche Konsequenzen: Das Kind übt gar nicht mehr, wenn es von der Erwartung überfordert ist, es freiwillig zu tun, wohingegen die Eltern offenbar nur mit „Druck" oder „Aufforderung" darauf reagieren (statt mit Erinnern und Begleiten wie im Typ B).

Als Resümee kann festgehalten werden, dass das Üben für die Kinder im Projektalter – wenn es nicht bereits von allein erfolgen kann – dann am besten umgesetzt werden kann, wenn die Eltern bereit sind, die Regie dafür zu übernehmen. Sie können das Kind dadurch unterstützen, indem sie einfache Regeln aufstellen, das Kind daran erinnern und das Üben und das Instrumentalspiel mit

Interesse und Aufmerksamkeit begleiten. Ob dies für alle Kinder und immer zum Erfolg führt, ist damit natürlich nicht gesagt. Sicher ist aber, dass dauernde Diskussionen um die erwartete Selbständigkeit des Übens nicht zielführend sind und schließlich zu völliger Verweigerung des Übens oder gar zum Abbruch des Instrumentalspiels führen können.

Modellprojekt der Rudolf-Steiner-Schule - Erstes Konzert vor Publikum

Jedem Kind sein Instrument

Brünninghausen. (mk) Neue musikpädagogische Wege beschreitet die Rudolf-Steiner-Schule. Das Projekt-Motto: „Jedem Kind sein Instrument". 112 Kinder präsentierten am Wochenende erstmals „ihr" Instrument vor Publikum.

Das Modellprojekt unter der Leitung von Mirjam Schieren läuft erstmals im Schuljahr 2003/2004. Ziel ist es, allen Kindern - auf freiwilliger Basis - das Erlernen eines Instrumentes zu ermögli-chen. Das Angebot richtet sich an Schüler der 2. und der 3. Klassen. An zwei Tagen in der Woche gibt es Unterricht in kleinen Gruppen von externen Musiklehrern in den Räumen der Schule an der Mergelteichstraße.

In einer Vorlaufphase (Instrumentenkarrussell) konnten die Kinder verschiedene Instrumente ausprobieren und sich danach für eines entscheiden: Violine, Viola, Violoncello, Kontrabass, Querflöte, Klarinette, Trompete. Es wird in diesem Dortmunder Modellprojekt auch gruppenübergreifend gemeinsam oder auch in einem Orchester musiziert.

Entscheidung nach zwei Jahren treffen

Am Ende der 3. Klasse, so die Schule, sollen die Kinder entscheiden können, ob sie weiter Instrumentalunterricht nehmen wollen. Durch den zweijährigen Unterricht sei eine fundierte Entscheidung möglich, ein eigenes Instrument zu kaufen und den Musikunterricht privat zu organisieren. Ein Schulorchester gibt den Kindern ab der 4. Klasse weiter die Gelegenheit zum gemeinsamen Musizieren.

Eltern, Lehrer und Freunde der Schule konnten sich am Wochenende davon überzeugen, dass die jungen Musiker in den vergangenen Wochen intensiv geübt hatten und dass viele „ihr" persönliches Instrument bereits gefunden haben.

5 Zusammenfassung der Ergebnisse

Fasst man die Ergebnisse der wissenschaftlichen Begleituntersuchung des Musikprojekts „Jedem Kind sein Instrument" sowie die Detailanalysen zu den zentralen Elementen seiner Umsetzung zusammen, kann als zentrales Ergebnis folgendes festgestellt werden: Das Musikprojekt „Jedem Kind sein Instrument" ist von seiner Konzeption und von seiner Anlage her geeignet, Kindern im Grundschulalter durch das Erlernen von Musikinstrumenten im Rahmen der Schule, aber außerhalb des Klassenunterrichts, die Möglichkeit zu bieten, neue und wichtige Lernerfahrungen zu machen. Die einzelnen Elemente des Projektes ermöglichen eine altersentsprechende Anforderung und Förderung zugleich, indem die neuen Lernimpulse und -bedingungen eingebunden sind in vertraute Zusammenhänge. Die hohe und nachhaltige Beteiligung der Kinder am Musikprojekt während des beobachteten Zeitraums und die positiven Stellungnahmen der Eltern in den Fragebögen und den Interviews zeigen, dass dieses Angebot einem Bedürfnis der Kinder, aber auch ihrer Eltern nach einer sinnvollen musikalischen Betätigung mehrheitlich entgegenkommt. Das Ziel, nicht nur Kindern aus musiknahen Elternhäusern, sondern prinzipiell *allen* Kindern das Erlernen eines Musikinstruments zu ermöglichen, konnte erreicht werden. Damit bewährte sich ein weiteres zentrales Ziel, das programmatisch mit dem Projekttitel „*Jedem* Kind sein Instrument" formuliert wurde.

Die Nachhaltigkeit des Projektes wird eindrucksvoll dadurch belegt, dass es sowohl an der Dortmunder wie auch an der Bochumer Schule seit seiner Einführung im Jahr 2001 (Bochum) bzw. 2003 (Dortmund) erfolgreich stattfindet. Auch nach Weggang der Initiatorin und Leiterin wird das Projekt an beiden Schulen mit hoher Beteiligung und unter mehrheitlicher Zustimmung des Lehrerkollegiums unter neuer Leitung bis heute kontinuierlich fortgeführt.

Allerdings müssen für eine erfolgreiche Umsetzung der Projektziele zahlreiche Bedingungen erfüllt sein. Damit die Kinder durch das Angebot des Instrumentalunterrichtes tatsächlich entwicklungsfördernde Lernschritte realisieren und erste Fähigkeiten im Instrumentalspiel ihres Instrumentes machen können, ist es notwendig, dass ihnen für die Bewältigung der neuen Lernanforderungen im Musikprojekt genügend Sicherheit und Rückhalt geboten werden. Dazu sind alle beteiligten Erwachsenen – Eltern, Instrumentallehrer, Schulpädagogen –

gefordert, die notwendigen pädagogischen und organisatorischen Rahmenbedingungen auch umzusetzen. Wenn dies gelingt – das zeigen die Ergebnisse der Studie auf vielfältige Weise – so können die Kinder durch das Musikprojekt vielfältige Entwicklungsmöglichkeiten durch die neuen Lernherausforderungen, die gemeinschaftsbildenden Elemente, die Entdeckung und Erprobung neuer Erfahrungen erleben. Dazu gehört, dass die Balance zwischen Herausforderung und Bewältigungsmöglichkeiten von den Kindern hergestellt werden kann.

Als weitere bedeutsame Voraussetzung für die Umsetzung der Projektziele erwies sich die Feinabstimmung der pädagogischen und musikpädagogischen Ausrichtung der Schule wie auch der Eltern mit den Inhalten und Zielen des Musikprojektes. Sie kann nur durch intensive Information, kontinuierlichen Austausch, Bearbeitung der strittigen Fragen unter allen am Projekt beteiligten Gruppen – also der Projektleitung, den Instrumentallehrern, den Lehrern an der Schule – erreicht werden. Hier ist Flexibilität und Kommunikationsbereitschaft von allen Seiten gefordert. Es ist zum Beispiel eine Frage, ob das Repertoire der angebotenen Instrumente allein auf den Aufbau eines klassischen Orchesters ausgerichtet sein muss, wenn doch offensichtlich einige Kinder (unterstützt von ihren Eltern) „ihr" Wunschinstrument außerhalb dieses Angebots sehen und enttäuscht sind oder gar die Projektteilnahme verweigern, wenn sie es nicht spielen können. Es müssen also sowohl die notwendigen organisatorischen Rahmenbedingungen gewährleistet werden, wozu die angemessene und zuverlässige Bereitstellung der benötigten Zeiten und Räume gehört, als auch eine gute und flexible Projektleitung, „die alle Fäden in der Hand hat."

Die Abwanderungen einiger Kinder in Einzelunterrichte, weil sie sich in der Gruppe entweder überfordert oder unterfordert fühlten, wirft weiterhin die Frage auf, ob und inwieweit durch den angebotenen Instrumentalunterricht in Gruppen tatsächlich in ausreichender und befriedigender Weise die Fähigkeiten und Fertigkeiten im Instrumentalspiel erreicht werden können. Ob diese Unzufriedenheit am Gruppenunterricht an der musikdidaktischen Kompetenz der Instrumentallehrer, an den individuellen Lernvoraussetzungen der Kinder oder an anderen Gründen liegen, konnte im Rahmen dieser Studie nicht entschieden werden.

Die während des beobachteten Projektverlaufs aufgeworfenen Fragen vor allem aus waldorfpädagogischer Perspektive zu den kurz- und langfristigen Auswirkung einzelner Projektelemente, z.B. ob und wie bestimmte Instrumente in altersgemäßer Weise die erwünschten förderlichen Auswirkungen auf die Kinder haben, sollten aufgegriffen werden und Anlass zur weitergehenden Klärung durch angemessene Beobachtungen und Untersuchungen sein. Ebenso stehen musikpädagogische Forschungen, wie ein altersgemäßer Instrumentalunterricht auch unter musikdidaktischen Perspektiven gestaltet sein muss, damit er tatsächlich für Kinder unterschiedlicher musikalischer Grundbegabungen zu vielleicht leistungsdifferenzierten, aber dennoch befriedigenden Ergebnissen führen kann, noch aus. Sie sind aber unentbehrlich, damit ambitionierte Musikprojekte wie „Jedem Kind sein Instrument" nachhaltig Wirkung zeigen können.

Unabhängig davon kann sicher festgestellt werden, dass die systematische Ausbildung von Instrumentalpädagogen für den frühpädagogischen Unterricht an den Musikhochschulen ein Desiderat ist. Darauf verweisen nicht nur die Erfahrungen in Dortmund und erste Ergebnisse der Initiative „Jedem Kind *ein* Instrument"; bereits die Autoren der Schweizer Studie zum verstärkten Musikunterricht an Schulen betonen, dass die *Qualität* der musikalischen Angebote zwingende Voraussetzung dafür ist, dass sie auch die erwünschten förderlichen Auswirkungen auf die Kinder haben können: „Bloß ein Mehr an Musikstunden bewirkt, glaube ich, gar nichts. Sie müssen qualitativ hochstehend sein. Außerdem funktioniert das nur mit Lehrern, die es auch wollen. Musik soll schließlich etwas sein, wodurch sich das eigene Wesen ausdrückt. Das kann man nicht verordnen." (Spychiger, zit. nach Klasmann 1997, 43)

Literaturverzeichnis

Altenmüller, Eckart 2003: Die Einflüsse der Musikerziehung auf das Gehirn. In: K. Gebauer, Gerald Hüther, Hg., Kinder brauchen Spielräume. Perspektiven einer kreativen Erziehung. Düsseldorf, S. 76-95

Bacher, Angelika 2008: Pädagogische Potentiale der Musik. Historisch-systematische und empirische Positionen. Frankfurt a.M.

Bastian, Hans Günther 1986: Zur Alltags- und Lebenswelt musikalischer Begabung. Mit Bundes- und Landessiegern „Jugend musiziert" im narrativen Gespräch, in: Musikpädagogische Forschung, Band 7, S. 233-251

Bastian, Hans Günther 1989: Leben für Musik. Eine Biographie-Studie über musikalische (Hoch-)Begabungen. Mainz

Bastian, Hans Günther 1991: Dem Leben auf der Spur. Ein Plädoyer für musikpädagogische Biografieforschung, in: Kraemer, R.-D., Hg., Musikpädagogik. Unterricht – Forschung – Ausbildung. Mainz, S. 208-220

Bastian, Hans Günther 1991: Jugend am Instrument. Eine Repräsentativstudie. Schott, Mainz.

Bastian, Hans Günther 2001a: Kinder optimal fördern – mit Musik. Mainz.

Bastian, Hans Günther 2001b: Hochbegabte Kinder und Jugendliche. Das Beispiel Musik. In: Behnken, Imbke, Jürgen Zinnecker, Hg., Kinder – Kindheit – Lebensgeschichte. Ein Handbuch. Seelze, 550-568

Bastian, Hans Günther 2002: Musik(erziehung) und ihre Wirkung. Eine Langzeitstudie an Berliner Grundschulen. Mainz.

Bastian, Hans Günther und Adam Kormann 2008: Transfer im musikpädagogischen Diskurs. Definitorische und methodologische Reflexionen zur Evaluations- und Entwicklungsforschung. In: Gembris, Heiner, Rudolf-Dieter Kraemer, Georg Maas, Hg. 2008: Macht Musik wirklich klüger? Musikalisches Lernen und Transfereffekte. Augsburg, 35-62 (1. Aufl. 2001)

Bastian, Hans-Günter und Rolf-Dieter Kraemer, Hg. 1992: Musikpädagogische Forschung in Deutschland. Dokumentation und Analyse. Mainz

Beckers, Renate, Erich Beckers, Luise Schulten 2007: Faszination Musikinstrument – Musikmachen motiviert. Präsentation der Ergebnisse der wissenschaftlichen Begleitung des Projektes „Jedem Kind ein Instrument". (unveröff. Bericht)

Beckers, Erich und Renate Beckers 2008: Faszination Musikinstrument – Musikmachen motiviert: Bericht über die zweijährige Evaluationsforschung zum Bochumer Projekt „Jedem Kind ein Instrument". Berlin

Ben-Tovim, Atarah und Douglas Boyd 1986: Das richtige Instrument für unser Kind. Der praktische Ratgeber für Eltern und Lehrer. Zürich

Bindel, Ralf 2003: „Jedem Kind sein Instrument. Pilotprojekt an Grundschulen: Musikunterricht in Kleingruppen mit eigenen Instrumenten, in: Üben & Musizieren 6/2003, S. 56

Bundesministerium für Bildung und Forschung, Hg. 2006: Macht Mozart schlau? Die Förderung kognitiver Kompetenzen durch Musik. Bildungsforschung Band 18, von Ralph Schumacher u.a., Berlin

Bundesministerium für Bildung und Forschung, Hg. 2009: Pauken mit Trompeten. Lassen sich Lernstrategien, Lernmotivation und soziale Kompetenzen durch Musikunterricht fördern? Bildungsforschung Bd. 32, von Ralph Schumacher u.a. Berlin

Carlgren, Frans, Arne Klingborg 2005: Erziehung zur Freiheit. Die Pädagogik Rudolf Steiners. Stuttgart (9., aktualisierte Auflage)

Cslovjecsek, Markus o.J.: Musik als Medium des Lernens und Lehrens. Akustische und kinästhetische Zugangsweisen in der unterrichtlichen Kommunikationssituation. Universitätspublikation: Pädagogische Hochschule Nordwestschweiz

Davidson, Jane W. und Stephanie E. Pitts 2008: Musik und geistige Fähigkeiten, in: Gembris, Heiner, Rudolf-Dieter Kraemer, Georg Maas, Hg., Macht Musik wirklich klüger? Musikalisches Lernen und Transfereffekte. Augsburg, 91-102 (zuerst 2001)

Eckardt, Rainer 2008: Wunsch und Wirklichkeit. Transferhypothesen zum produktiven Musizieren in der Schule, in: Gembris, Heiner, Rudolf-Dieter Kraemer, Georg Maas, Hg., Macht Musik wirklich klüger? Musikalisches Lernen und Transfereffekte, Augsburg, 103-132 (zuerst 2001)

Fuchs, Thomas 2009: Das Gehirn – ein Beziehungsorgan. Eine phänomenologisch-ökologische Konzeption. Stuttgart

Gardiner, M.F., Fox, Al, Knowles, F., Jeffrey, D. 1996: Learning improved by arts training. Nature, 381 (6580), 284

Gebauer, Karl, Gerald Hüther 2001: Kinder brauchen Wurzeln. Neue Perspektiven für eine gelingende Entwicklung. Düsseldorf

Gembris, Heiner 2008: Musik, Intelligenz und Persönlichkeitsentwicklung, in: ders., Rudolf-Dieter Kraemer, Georg Maas, Hg., Macht Musik wirklich klüger? Musikalisches Lernen und Transfereffekte. Augsburg, S. 133-147

Gembris, Heiner, Rudolf-Dieter Kraemer, Georg Maas, Hg. 2008: Macht Musik wirklich klüger? Musikalisches Lernen und Transfereffekte. Sonderdruck der Aufsätze aus den Musikpädagogischen Forschungsberichten Band 8 (2001), Augsburg

Glaser, Barney G. und Anselm L. Strauss 1967/1998: The discovery of grounded theory. Strategies for qualitative research. Chicago: Aldine. Deutsche Übersetzung: Grounded Theory. Strategien qualitativer Forschung. Bern u.a.

Gollwitzer, Mario und Reinhold S. Jäger 2009: Evaluation kompakt. Weinheim

Groeben, Norbert, Diethelm Wahl Jörg Schlee, Brigitte Scheele 1988: Das Forschungsprogramm Subjektive Theorien. Eine Einführung in die Psychologie des reflexiven Subjekts. Tübingen

Hassler, Marianne 2004: Neurobiologische Forschung und musikalische (Aus)Bildung. In: Gunther Kreutz & Johannes Bähr, Hg., Anstöße – musikalische Bildung fordern und fördern. Augsburg, S. 91-105

Heinritz, Charlotte 2010: „Jedem Kind sein Instrument". Wissenschaftliche Begleituntersuchung des musikpädagogischen Projektes und seiner Umsetzung. Alanus Hochschule für Kunst und Gesellschaft, Alfter

Ho, Y.C., Cheung, M.C., Chan, A.S. 2003: Music training improves verbal but not visual memory: cross-sectional and longitudinal explorations in children. Neuropsychology, 17 (3), S. 439-450

Jäncke, Lutz 2008: Macht Musik schlau? Neue Erkenntnisse aus den Neurowissenschaften und der kognitiven Psychologie. Bern

Kalwa, Michael 1997: Begegnung mit Musik. Ein Überblick über den Lehrplan des Musikunterrichts an der Waldorfschule. Stuttgart

Kalwa, Michael 2011: Subjektive Theorien von Eltern zur Passung von Musikinstrumenten für Kinder. Dissertation an der Universität Siegen

Klasmann, Jaan 1997: Tönende Entwicklungshilfe. Gescheiter, sozialer, glücklicher: Kinder, die sich frühzeitig mit Musik befassen, haben mehr vom Leben. In: Psychologie heute, Juli 1997, S. 42-47

Kröner, Christian 2008: „Jedem Kind sein Instrument". Anfänge und Entwicklung unseres Musikprojektes. In: Festschrift zum 50jährigen Bestehen der Bochumer Waldorfschule. Bochum, S. 122-124

Krotz; Friedrich 2005: Neue Theorien entwickeln. Eine Einführung in die Grounded Theory, die Heuristische Sozialforschung und die Ethnographie anhand von Beispielen aus der Kommunikationsforschung. Köln

Lamnek, Siegfried 2004: Grundlagen qualitativer Sozialforschung. Ein Lehrbuch. Weinheim, Basel

Luchte, Katja, Eckard König 2004: Musik schafft Persönlichkeit(en). Abschlussbericht des Projektes „Förderung der Musikkultur bei Kindern" in Kindergärten und Grundschulen. Bertelsmann Stiftung, Gütersloh

Meyer, Claudia 2000: Musikdidaktik bei Maria Montessori und Rudolf Steiner. Darstellung und Vergleich vor dem Hintergrund der anthropologisch-pädagogischen Konzeption. Berlin

Oerter, Rolf und Leo Montada 2002: Entwicklungspsychologie. Ein Lehrbuch. Weinheim

Pöppel, Ernst o.J.: Ein anderer Ton. Das Hofer Modell. Eine Studie zur Untersuchung mentaler, emotionaler und sozialer Kompetenz an Schülern mit langfristig geförderter Musikerziehung und einer Kontrollgruppe. Humanwissenschaftliches Zentrum der LMU unter Leitung von Prof. Dr. Ernst Pöppel. Forschungsbericht o.O. [Studiehwz.pdf]

Reinberger, Stefanie 2006: Cello oder Flöte? Über unsere Vorlieben für bestimmte Musikinstrumente entscheidet die individuelle Architektur unseres Hörkortex. Spektrum der Wissenschaft, April 2006, S. 16-21

Rittelmeyer, Christian 2010: Warum und wozu ästhetische Bildung? Über Transferwirkungen künstlerischer Tätigkeiten. Ein Forschungsüberblick. Oberhausen: Athena

Rittersberger, Andrea 2002: Jedes Kind will musizieren. Musik macht Kinder intelligenter und selbstbewusster. München

Rommel, Erhard 1986: Welches Instrument passt zu meinem Kind? In: Schulzeit. Information des Ministeriums für Kultur und Sport Baden-Württemberg, 1, S. 4-9

Schellenberg, E.G. 2001: Music and nonmusical abilities. Annals of the New York Academy Sciences, 930, S. 355-371

Schieren, Mirjam 2003: „Jedem Kind sein Instrument" – Grundlagen und Ziele des Musikprojektes, in: Mergelteich, Schulzeitung der Rudolf-Steiner-Schule und der Georgschule Dortmund, Nr. 98, Mai 2003, S. 2-11

Schieren, Mirjam 2008: Jedem Kind sein Instrument. In: Erziehungskunst 12/2008, S. 1315-1319

Schnell, Martin W. und Charlotte Heinritz 2006: Forschungsethik. Ein Grundlagen- und Arbeitsbuch für die Gesundheits- und Pflegewissenschaft. Bern u.a.

Schütz, Alfred 1976: Making Music Together. A Study in Social Relationship. In: Alfred Schutz, Collected Papers II: Studies in Social Theory. Ed. and introduced by Arvid Brodersen. The Hague

Schütze, Fritz 1983: Biographieforschung und narratives Interview, Neue Praxis 13 (1983,3), S. 283-293

Seeliger, Maria 2003: Das Musikschiff. Kinder und Eltern erleben Musik. Von der pränatalen Zeit bis ins vierte Lebensjahr. Regensburg

Spitzer, Manfred 2005: Musik im Kopf: Hören, Musizieren, Verstehen und Erleben im neuronalen Netzwerk. Stuttgart, New York

Spychiger, Maria 2008: Was bewirkt Musik? Probleme der Validität, der Präsentation und der Interpretation bei Studien über außermusikalische Wirkungen musikalischer Aktivität, in: Gembris, Heiner, Rudolf-Dieter Kraemer, Georg Maas, Hg., Macht Musik wirklich klüger? Musikalisches Lernen und Transfereffekte, S. 9-33 (zuerst 2001)

Staines, Richard 2008: Transferleistung auf dem Prüfstand: Neubewertung des außermusikalischen Potentials von Musiklernen und –hören, in: Gembris, Heiner, Rudolf-Dieter Kraemer, Georg Maas, Hg., Macht Musik wirklich klüger? Musikalisches Lernen und Transfereffekte, S. 67-90 (zuerst 2001)

Steiner, Rudolf 1923: Das Tonerlebnis im Menschen, 3 Vorträge, Dornach 7.-16. März 1923, 2. Vortrag, 8. März 1923, S. 23-24

Strauss, Anselm L. 1998: Grundlagen qualitativer Sozialforschung. München

Strauss, Anselm L. und Juliet Corbin 1996: Grounded Theory. Grundlagen qualitativer Sozialforschung. Weinheim

Vogl, Mona 1993: Instrumentenpräferenz und Persönlichkeitsentwicklung. Frankfurt/M.

Wagner, Beatrice 2009: Mit Musik geht vieles besser. Wie Schüler und Schülerinnen vom Musikunterricht profitieren. In: Psychologie heute, Juli 2009, S. 10

Weber, Ernst W., Maria Spychiger, Jean L. Patry 1993: Musik macht Schule – Biografie und Ergebnisse eines Schulversuchs mit erweitertem Musikunterricht. Essen

Wottawa, Heinrich und Heike Thierau 2003: Lehrbuch Evaluation. Bern u.a.

Zinnecker, Jürgen, Ralph Hasenberg, Catarina Eickhoff 1999: Musikalische Kompetenzen: Selbstsozialisation oder musikalisches Erbe der Familie? In: Silbereisen, Rainer K., Jürgen Zinnecker, Hg., Entwicklung im sozialen Wandel, Weinheim, S. 429-444

Verzeichnis der Musiker-Autobiographien

Barenboim, Daniel 2002: Die Musik – mein Leben. München

Davies, Miles 1990: Die Autobiographie. München

Ermen, Reinhard 1988: Von Schütz bis Schönberg. Autobiographische Skizzen europäischer Musiker. Kassel

Gedda, Nicolai 1998: Mein Leben – meine Kunst. Berlin

Gielen, Michael 2005: „Unbedingt Musik". Erinnerungen. Frankfurt a.M.

Goldschmidt, Berthold 1994: Komponist und Dirigent. Ein Musiker-Leben zwischen Hamburg, Berlin und London. Hamburg

Hiller, Johann Adam 2004: Mein Leben. Autobiographie, Briefe und Nekrologe. Hg. Mark Lehnstedt. Leipzig

Kennedy, Nigel 1992: Spielen ist alles. München

Klot, Kristina v. 2006: Kontrollierte Ekstase. Mobil 12/2006 S. 94/95

Kreuder, Peter 2003: Nur Puppen haben keine Tränen. Erinnerungen. München

Le Beau, Adolpha 1910: Lebenserinnerungen einer Komponistin. Baden-Baden

Mayer, Hans 1999: Gelebte Musik. Erinnerungen. Frankfurt a.M.

Menuhin, Yehudi 1976: Unvollendete Reise. Lebenserinnerungen. München

Midori 2004: Einfach Midori. Autobiografie. Berlin

Milhaud, Darius 1962: Noten ohne Musik. Eine Autobiographie. München

Milstein, Nathan 1993: „Lassen Sie ihn doch Geige spielen". Erinnerungen. München

Reinecke, Carl 1902/2005: Erlebnisse und Erkenntnisse. Autobiographie eines Gewandhauskapellmeisters. Leipzig

Richter, Swjatoslaw 2005: Mein Leben, meine Musik. Düsseldorf

Rimski-Korsakov, Nikolay Andreyevich 1923: My Musical Life. New York

Saxer, Marion, Hg. 2003: Anfänge. Erinnerungen zeitgenössischer Komponistinnen und Komponisten an ihren frühen Instrumentalunterricht. Hofheim (mit Texten von 45 Komponisten)

Strasser, Otto 1974: Und dafür wird man noch bezahlt. Mein Leben mit den Wiener Philharmonikern. Wien

Strawinsky, Igor 1937: Erinnerungen. Zürich

Walter, Bruno 1960: Thema und Variationen. Erinnerungen und Gedanken. Frankfurt am Main

Weissweiler, Eva 1999: Komponistinnen vom Mittelalter bis zu Gegenwart. Frankfurt am Main

Wieck, Marie 1913: Aus dem Kreise Wieck-Schumann. Fürstliche Hof- und Kammervirtuosin. Dresden und Leipzig

Die Fotos stammen alle aus dem Projektarchiv von Mirjam Schieren. Vielen Dank für die Erlaubnis, sie hier zu veröffentlichen!

Anhang

Verzeichnis der Anhänge

Anhang 1:   *Fragebogen 1 (FB 1 – Juni 2004) mit Anschreiben*

alanus
hochschule

Staatlich anerkannte Hochschule
für Kunst und Gesellschaft

The Alanus University
of Arts and Social Science

An die Eltern der 1. Klassen
der Rudolf-Steiner-Schule Dortmund

Juni 2004

Liebe Eltern,

in diesen Tagen nehmen die Kinder der 1. Klassen am sogenannten Instrumentenkarussell teil, um entscheiden zu können, ob und wenn ja welches Instrument sie im Rahmen des Projekts „Jedem Kind sein Instrument" in den nächsten beiden Jahren spielen möchten. Dieses Projekt wird unter meiner Leitung am Institut für Pädagogik der Alanus-Hochschule wissenschaftlich begleitet. An der wissenschaftlichen Begleitstudie beteiligen sich auch Studentinnen und Studenten der Alanus-Hochschule und des Lehrerseminars Witten-Annen im Rahmen von Lehrforschungsseminaren. Ziel dieser Studie ist es zu erfahren, ob und wie Kinder zu „ihrem" Instrument finden, wie es ihnen in den nächsten beiden Jahren im Unterricht, beim gemeinsamen Spiel, beim Üben und bei Vorführungen damit ergeht. Dazu möchten wir auch Ihre Erfahrungen und Einschätzungen als Mütter und Väter kennen lernen und Sie deshalb dazu befragen.
Deshalb bitten wir Sie, den beiliegenden Fragebogen auszufüllen und über die Klassenlehrer möglichst bald an uns zurückzugeben. Ihre Angaben werden streng vertraulich und nur im Rahmen des wissenschaftlichen Begleitprojektes behandelt. Wenn Sie wollen, können Sie den Fragebogen auch anonym abgeben.

In diesem Fall bitten wir Sie, an Stelle des Namens Ihres Kindes einen erfundenen Namen einzusetzen. Bitte merken Sie sich diesen Namen und verwenden ihn
– wenn möglich – auch in zukünftigen Erhebungen.

Für Ihre Mitarbeit danke ich Ihnen – auch im Namen der Studentinnen und Studenten – heute schon ganz herzlich.

Mit freundlichen Grüßen
Charlotte Heinritz

Fragebogen 1 (FB 1 – Juni 2004)

für die Eltern der Kinder, die am Instrumentenkarussell im Rahmen des Projektes:

„Jedem Kind sein Instrument" teilnehmen (1. Klasse)
Falls der Platz nicht ausreicht, bitte auch die Rückseite verwenden!

1. Name des Kindes (entweder den echten Namen oder ein Pseudonym – bitte kenntlich machen!)

2. Was hat Ihr Kind zu Hause über seine Erlebnisse beim Instrumentenkarussell erzählt? Bitte skizzieren Sie kurz Ihre wichtigsten Eindrücke.

3. Hat Ihr Kind schon vor dem Instrumentenkarussell gesagt, welches Instrument es gern spielen würde? Wenn ja: welches Instrument war das? (Bitte auch Instrumente nennen, die nicht im Instrumentenkarussell angeboten wurden)

4. Möchte Ihr Kind zur Zeit gar kein Instrument erlernen und auch nicht am Musikprojekt teilnehmen? Warum nicht?

5. Hat Ihr Kind sich schon für ein Instrument entschieden – und wenn ja, für welches?

6. Wenn Ihr Kind sich schon entschieden hat:
Wann fiel diese Entscheidung?

Der Entschluss stand schon vor dem Instrumentenkarussell fest   [ ]

Der Entschluss wurde aufgrund der Schautafel mit den Instrumenten getroffen   [ ]

Der Entschluss wurde während oder nach der Teilnahme am Instrumentenkarussell getroffen [ ]

7. Hat Ihr Kind gesagt, warum es gerade dieses Instrument gewählt hat?

8. Hatte Ihr Kind schon vorher Berührung mit dem Instrument? Wenn ja: bei welcher Gelegenheit/zu welchem Anlass?

9. Hatte Ihr Kind vorher schon Berührung oder eigene Praxis mit anderen Musikinstrumenten? Wenn ja: bei welcher Gelegenheit/zu welchem Anlass?

10. Was ist Ihrer Meinung nach der ausschlaggebende Grund oder Anlass für die Entscheidung Ihres Kindes? Bitte skizzieren Sie kurz, was Ihnen zum Entscheidungsprozess als bedeutsam erscheint!

11. Haben (oder hatten) Sie einen Wunsch, welches Instrument Ihr Kind spielen sollte? Können Sie Gründe dafür angeben?

12. Haben (oder hatten) Sie einen Wunsch, welches Instrument Ihr Kind *auf keinen Fall* spielen sollte? Können Sie Gründe dafür angeben?

13. „Passt" das Instrument, das Ihr Kind ausgewählt hat, Ihrer Meinung nach zu Ihrem Kind oder eher nicht? Welches Instrument würde Ihrer Meinung nach zu Ihrem Kind passen? Bitte kurz begründen.

14. Spielen Sie selbst ein Instrument und wenn ja, welches?
Vater: Mutter:

15. Hätten Sie gern ein Instrument/ein anderes Instrument gespielt, und wenn ja, welches?
Vater: Mutter:

16. Spielt sonst jemand in Ihrer Familie und/oder Ihrem näheren Umfeld ein Instrument? Bitte notieren Sie kurz wer das ist und welches Instrument er oder sie spielt!

17. Dieser Fragebogen wurde ausgefüllt von
Mutter   Vater   beiden

18. Ich/wir möchte(n) diesen Fragebogen nicht ausfüllen, weil ....

19. Kommentare, Kritik, Fragen zum Projekt „Jedem Kind sein Instrument":

Anhang 2:   Fragebogen 2 (FB2 – Juni 2005) mit Anschreiben

alanus
hochschule

Staatlich anerkannte Hochschule
für Kunst und Gesellschaft

The Alanus University
of Arts and Social Science

An die Eltern der 2. Klassen
der Rudolf-Steiner-Schule Dortmund

Juni 2005

Liebe Eltern,

seit Beginn dieses Schuljahres erlernen viele Kinder der 2. Klassen im Rahmen des Dortmunder Musikprojekts „Jedem Kind sein Instrument" ein Instrument. Manche Kinder oder Ihre Eltern haben sich aber auch entschieden, nicht daran teilzunehmen. Für die wissenschaftliche Begleitung des Projektes sind die Erfahrungen wichtig, die Sie und Ihre Kinder im Laufe des letzten Schuljahres gemacht haben.

Zur Erinnerung: Das Dortmunder Musikprojekt „Jedem Kind sein Instrument" wird unter meiner Leitung am Institut für Pädagogik der Alanus-Hochschule wissenschaftlich begleitet. An der wissenschaftlichen Begleitstudie beteiligen sich auch Studierende und Dozenten der Alanus-Hochschule und des Lehrerseminars Witten-Annen. Ziel dieser Studie ist es zu erfahren, ob und wie Kinder zu „ihrem" Instrument finden, wie es ihnen in den nächsten beiden Jahren im Unterricht, beim gemeinsamen Spiel, beim Üben und bei Vorführungen damit ergeht. Dazu möchten wir auch Ihre Erfahrungen und Einschätzungen als Mütter und Väter kennen lernen und Sie deshalb dazu befragen.

Ihre Antworten und Kommentare auf den Fragebögen zum Instrumentenkarussell im letzten Sommer haben uns viele wichtige Informationen und Einschätzungen vermittelt. Deshalb bitten wir Sie auch dieses Jahr, den beiliegenden Fragebogen auszufüllen und über die Klassenlehrerinnen möglichst bald an uns zurückzugeben. Ihre Angaben werden streng vertraulich und nur im Rahmen des wissenschaftlichen Begleitprojektes behandelt. Wenn Sie wollen, können Sie den Fragebogen auch anonym abgeben. In diesem Fall bitten wir Sie, an Stelle des Namens Ihres Kindes einen erfundenen Namen einzusetzen. Bitte merken Sie sich diesen Namen und verwenden ihn – wenn möglich – auch in zukünftigen Erhebungen.

Für Ihre Mitarbeit danke ich Ihnen – auch im Namen der Studentinnen und Studenten – heute schon ganz herzlich.

Mit freundlichen Grüßen
Charlotte Heinritz

Fragebogen 2 (FB2 – Juni 2005)

für die Eltern der Kinder der 2. Klassen der Rudolf-Steiner-Schule Dortmund
(Falls der Platz nicht ausreicht, bitte auch die Rückseite verwenden!)

1. Name des Kindes *(entweder den echten Namen oder ein Pseudonym – bitte kenntlich machen!)*

2. Nimmt Ihr Kind Instrumentalunterricht im Rahmen des Projektes: „Jedem Kind sein Instrument"?

[ ] Ja, es lernt folgendes Instrument ....

[ ] Nein, es lernt außerhalb der Schule ein Instrument, und zwar ....

[ ] Nein, es lernt zurzeit kein Musikinstrument.

Wenn JA, bitte weiter mit Frage 3; wenn NEIN bitte weiter mit Frage 15!

3. Wie kam es zur Wahl des Instrumentes?

[ ] Das Kind hat selbst gewählt.

[ ] Das Kind hat nach Beratung durch .... seine Wahl getroffen

[ ] Die Wahl wurde nicht durch das Kind getroffen, sondern durch
....

4. Ist Ihr Kind nach dem ersten Jahr im Musikprojekt mit seinem Instrument zufrieden?

[ ] Ja

[ ] Nein

Bitte kurz erläutern:

5. Sind *Sie* nach dem ersten Jahr des Musikprojektes zufrieden mit dem gewählten Instrument?

[ ] Ja

[ ] Nein

Bitte kurz erläutern:

6. „Passt" das Instrument aus Ihrer jetzigen Sicht zu Ihrem Kind? *Bitte geben Sie eine kurze Begründung.*

Falls „Nein": Welches Instrument würde Ihrer Meinung nach besser zu Ihrem Kind passen und warum?

7. Spielt Ihr Kind weiterhin das gewählte Instrument im Musikprojekt?

[ ] Ja   [ ] Nein

Falls „Nein":

[ ] es hat gewechselt,
und zwar spielt es jetzt folgendes Instrument: ....

[ ] es hat den Instrumentalunterricht im Rahmen des Musikprojektes
abgebrochen, weil ....

8. Hatte Ihr Kind schon vor dem Musikprojekt begonnen, ein Musikinstrument zu lernen?

[ ] Ja, und zwar ....

[ ] Nein

Wenn „Ja":

[ ] es spielt dieses Instrument weiter   [ ] es hat damit aufgehört

9. Beim Instrumentenkarussell wurden den Kindern acht Instrumente vorgestellt. Finden Sie dieses Angebot angemessen oder hätten Sie für Ihr Kind eine andere Auswahl gewünscht? Und wenn ja: welche?
Bitte geben Sie eine kurze Begründung.

10. Das Musikprojekt sieht vor, dass Kinder in der 2. Klasse beginnen, ein Instrument zu erlernen. Finden Sie diesen Zeitpunkt für Ihr Kind

[ ] richtig

[ ] zu früh, besser erst mit ...... Jahren

[ ] zu spät, besser schon mit ...... Jahren

11. Im Musikprojekt haben die Kinder Instrumentalunterricht in Kleingruppen. Finden Sie diese Form für Ihr Kind

[ ] gut und richtig?

[ ] Würden Sie lieber Einzelunterricht für Ihr Kind haben?

Bitte kurze Begründung:

12. Wie erlebt Ihr Kind den Instrumentalunterricht in „seiner" Gruppe?

13. Wie hat Ihr Kind die beiden öffentlichen Konzerte in diesem Schuljahr erlebt?

14. Übt Ihr Kind zu Hause? *Bitte kurz schildern!*

FÜR DIE KINDER, DIE NICHT AM MUSIKPROJEKT TEILNEHMEN

15. Warum nimmt Ihr Kind nicht am Musikprojekt teil?

16. Unter welchen Bedingungen würde Ihr Kind am Musikprojekt teilnehmen?

FÜR ALLE:

17. Kommentare, Kritik, Fragen zum Projekt „Jedem Kind sein Instrument":

18. Dieser Fragebogen wurde ausgefüllt von

  [ ] Mutter   [ ] Vater   [ ] beiden

Anhang 3:   Fragebogen 3 (FB3 - Juni 2006) mit Anschreiben

alanus
hochschule

Staatlich anerkannte Hochschule
für Kunst und Gesellschaft

The Alanus University
of Arts and Social Science

An die Eltern der 3. Klassen
der Rudolf-Steiner-Schule Dortmund

Mai 2006

Sehr geehrte Eltern,

mit dem Abschlusskonzert im Juni endet die Teilnahme der Kinder der 3. Klassen am Musikprojekt „Jedem Kind sein Instrument". Für die wissenschaftliche Begleitung des Projektes sind die Erfahrungen wichtig, die Sie und Ihre Kinder im Laufe des Musikprojektes gemacht haben.

Ihre Antworten und Kommentare auf die Fragebögen zum Instrumentenkarussell und dem Verlauf des ersten Projektjahres haben viele wichtige Informationen und Einschätzungen vermittelt. Deshalb bitte ich Sie auch dieses Jahr, den beiliegenden Fragebogen auszufüllen und über die Klassenlehrerinnen möglichst bald an mich zurückzugeben. Viele Fragen werden Ihnen bekannt vorkommen, da sie in den letzten beiden Fragebögen auch gestellt wurden; bitte beantworten Sie sie trotzdem, denn dieses Mal geht es um Ihre rückblickende Bewertung der letzten beiden Jahre.

Ihre Angaben werden streng vertraulich und nur im Rahmen des wissenschaftlichen Begleitprojektes behandelt. Wenn Sie wollen, können Sie den Fragebogen auch anonym abgeben. In diesem Fall können Sie an Stelle des Namens Ihres

Kindes auch einen erfundenen Namen einsetzen (am besten denselben wie in den letzten Fragebögen).

Im nächsten Jahr wird eine Veröffentlichung über das Musikprojekt erscheinen, darüber werden Sie rechtzeitig informiert! Für Rückfragen oder Hinweise zum Projekt können Sie mich gern anrufen: Tel. 02331-386525.

Mit einem herzlichen Dankeschön für Ihre Mitarbeit grüßt Sie

Charlotte Heinritz

Fragebogen 3 (FB3 – Juni 2006)

für die Eltern der Kinder der 3. Klassen der Rudolf-Steiner-Schule Dortmund
(Falls der Platz nicht ausreicht, bitte auch die Rückseite verwenden!)

1. Name des Kindes *(entweder den echten Namen oder ein Pseudonym – bitte kenntlich machen!)*

2. Hat Ihr Kind am Musikprojekt „Jedem Kind sein Instrument" teilgenommen?

[ ] Ja, die ganze Zeit, es lernt folgendes Instrument: ....

[ ] Ja, aber nicht die ganze Zeit, sondern von .... bis.......................
und zwar folgendes Instrument: ....

[ ] Ja, aber es fand ein Instrumentenwechsel statt:
1. Instrument..................... 2. Instrument ....

[ ] Nein, es lernt außerhalb der Schule ein Instrument,
und zwar..

[ ] Nein, es lernt kein Musikinstrument.

3. Wie kam es zur Wahl des Instrumentes?

[ ] Das Kind hat selbst gewählt.

[ ] Das Kind hat nach Beratung durch .... seine Wahl getroffen

[ ] Die Wahl wurde nicht durch das Kind getroffen,
sondern durch ....

4. Ist Ihr Kind nach dem zweiten Jahr im Musikprojekt mit seinem Instrument zufrieden?

[ ] Ja

[ ] Nein

Bitte kurz erläutern:

5. Sind *Sie* nach dem zweiten Jahr des Musikprojektes zufrieden mit dem gewählten Instrument?

[ ] Ja

[ ] Nein

Bitte kurz erläutern:

6. „Passt" das Instrument aus Ihrer jetzigen Sicht zu Ihrem Kind? Falls „Nein": Welches Instrument würde Ihrer Meinung nach besser zu Ihrem Kind passen und warum?

Bitte geben Sie eine kurze Begründung.

7. Hatte Ihr Kind schon vor dem Musikprojekt begonnen, ein Musikinstrument zu lernen?

[ ] Ja, und zwar ....

[ ] Nein

Wenn „Ja":   [ ] es spielte dieses Instrument auch weiter   [ ] es hat damit aufgehört

8. Beim Instrumentenkarussell wurden den Kindern acht Instrumente vorgestellt. Finden Sie im Rückblick dieses Angebot angemessen oder hätten Sie für Ihr Kind eine andere Auswahl gewünscht? Und wenn ja: welche?

Bitte geben Sie eine kurze Begründung.

9. Im Rahmen des Musikprojektes haben die Kinder in der 2. Klasse begonnen, ein Instrument zu erlernen. Finden Sie diesen Zeitpunkt für Ihr Kind im Rückblick

[ ] richtig

[ ] zu früh, besser erst mit ...... Jahren

[ ] zu spät, besser schon mit ...... Jahren

Bitte geben Sie eine kurze Begründung

10. Im Musikprojekt hatten die Kinder Instrumentalunterricht in Kleingruppen. Finden Sie diese Form

[ ] gut und richtig

[ ] Einzelunterricht wäre besser gewesen

Bitte geben Sie eine kurze Begründung

11. Wie erlebte Ihr Kind den Instrumentalunterricht in „seiner" Gruppe?

12. Wie hat Ihr Kind die öffentlichen Konzerte im Rahmen des Musikprojektes erlebt?

13. Wie ist oder war es mit dem Üben zu Hause? *Bitte kurz schildern!*

14. Fanden Sie die Kosten für die Teilnahme am Musikprojekt

   [ ] angemessen

   [ ] zu hoch

Bitte kurz erläutern:

15. Wird Ihr Kind auch nach Abschluss des Musikprojekts das gewählte Instrument weiter spielen?

   [ ] Ja   [ ] Nein

   [ ] es wird wechseln,
und zwar spielt es jetzt folgendes Instrument: ....

   [ ] es hat den Instrumentalunterricht im Rahmen des Musikprojektes
abgebrochen, weil...

16. Falls Ihr Kind auch nach Beendigung des Musikprojektes weiter Instrumentalunterricht bekommt, wo findet der statt:

   [ ] Beim selben Instrumentallehrer

   [ ] Bei einem anderen Instrumentallehrer

   [ ] In einer Musikschule außerhalb der Rudolf-Steiner-Schule Dortmund

Bitte geben Sie eine kurze Begründung!

17. Falls es weiter Unterricht bekommt, soll es

   [ ] Einzelunterricht

   [ ] Gruppenunterricht

bekommen? *Bitte geben Sie eine kurze Begründung:*

18. FALLS IHR KIND NICHT AM MUSIKPROJEKT TEILGENOMMEN HAT ODER ZWISCHENDURCH AUFGEHÖRT HAT: Was waren die Gründe dafür? Bitte kurz ausführen:

19. Kommentare, Kritik, Fragen zum Projekt „Jedem Kind sein Instrument":

20. Dieser Fragebogen wurde ausgefüllt von

[ ] Mutter   [ ] Vater   [ ] beiden

Anhang 4:   Fragebogen 4 (FB4 - 2008) für Schülerinnen und Schüler

für die Schülerinnen und Schüler der 5. Klassen der Rudolf-Steiner-Schule Dortmund im Rahmen der wissenschaftlichen Begleitstudie „Jedem Kind sein Instrument"

1. Vorname.................................Name ....

2. Spielst Du zur Zeit ein Instrument?
   Ja   *Nein*

3. Welches Instrument/welche Instrumente spielst Du? ....

4. Hast Du früher ein Instrument/ein anderes Instrument gespielt?
   Nein

   Ja, und zwar: ....

5. Hast Du in der 2. und in der 3. Klasse beim Musikprojekt mitgemacht?
   Ja   *Nein*

6. Wenn ja: Welches Instrument hast Du dort gespielt? ....

   6a. Ich habe im Musikprojekt das Instrument gewechselt:
       Mein erstes Instrument war: ....
       Mein zweites Instrument war:...

7. Spielst Du immer noch Dein Instrument aus dem Musikprojekt?

   Ja, und zwar: ....
   Nein, ich spiele jetzt:..
   Nein, ich spiele gar kein Instrument mehr

8. Hast Du Instrumentalunterricht?

Ja, Einzelunterricht
Ja, Gruppenunterricht
Nein

9. Spielst Du in einem Orchester oder einer Musikgruppe mit?

Ja, und zwar: ....
Nein

Vielen Dank!

Anhang 5:   Ablauf des Musikprojektes an der Dortmunder Waldorfschule

Ablauf des Musikprojektes an der Dortmunder Waldorfschule für die beiden Parallelklassen des Einschulungsjahrgangs 2003 im Beobachtungszeitraum 2003-2006

Die folgende Darstellung informiert im Überblick über den chronologischen Ablauf der Aktivitäten im Rahmen des Musikprojektes im Beobachtungszeitraum der wissenschaftlichen Begleitstudie.

September 2003:	Erster Info-Brief an die Klassenlehrer mit einem Zeitplan zur Einführung des Musikprojektes
November 2003:	Treffen der Projektleiterin mit den Klassenlehrerinnen der ersten Klassen zur Verabredung der notwendigen terminlichen und organisatorischen Schritte im nächsten Schuljahr
Januar 2004:	Brief der Projektleiterin an die Eltern der ersten Klassen mit Informationen zum Konzept des Musikprojektes und den konkreten Planungen
Februar 2004:	Kurzer Bericht über das Musikprojekt während der Elternabende der ersten Klassen
März 2004:	Info-Brief an die Klassenlehrer zu den geplanten Terminen und zum Ablauf des Instrumentenkarussells
März 2004:	Lehrerkonferenz zum Musikprojekt und zur wissenschaftlichen Begleituntersuchung
Mai 2004:	Ausführliche Projektinformationen an die Eltern der ersten, zweiten und dritten Klassen (Projektinformation Nr. 6 und Nr. 7)
Mai und Juni 2004:	Durchführung des Instrumentenkarussells für beide Klassen an vier Vormittagen
bis 22. Juni 2004:	Wahl der Instrumente und schriftliche Anmeldung der Kinder zum Musikprojekt
24. Juni 2004:	Sponsorenlauf für den Instrumentenkauf im Rahmen des Sommerfestes der Rudolf-Steiner-Schule Dortmund
Juli 2004:	Elternabend der ersten Klassen mit den Instrumentallehrern
Juli 2004:	Zusammenstellung der gewählten Instrumente und der Gruppen für die folgenden zwei Jahre; Ausmessen der Instrumentengrößen; Engagement der benötigten Instrumentallehrer; Einplanung der betreuenden Lehrerin-

	nen und Lehrer für die Kinder während des Instrumentalunterrichts für das kommende Schuljahr
	Arbeitstreffen mit den Instrumentallehrern zur Planung des folgenden Schuljahres
August 2004:	Beginn des Instrumentalunterrichts der beteiligten Projektkinder an zwei Tagen in der Woche; einzelne Umverteilungen der Instrumente und Gruppen
Seit August 2004:	Monatliches Treffen der Instrumentallehrer und der Projektleiterin
Oktober 2004:	Projektinformation Nr. 8 an die Eltern der zweiten und dritten Klassen u.a. zum Thema „Üben" (Anhang 7)
November 2004:	Konzert auf dem Martinsbasar der Rudolf-Steiner-Schule Dortmund
Dezember 2004:	Projektinformation Nr. 9 an die Eltern der zweiten und dritten Klassen zum Weihnachtskonzert
Dezember 2004:	Weihnachtskonzert der Projektkinder zusammen mit den Projektkindern der dritten Klassen
seit Januar 2005:	Arbeitskreistreffen „Musikprojekt" mit der Projektleiterin und Lehrerinnen und Lehrern der Rudolf-Steiner-Schule Dortmund
Februar 2005:	Pädagogische Fortbildung für Instrumentallehrer
Februar 2005:	Projektinformation Nr. 10 an die Eltern der zweiten und dritten Klassen zum Frühjahrskonzert der zweiten Klassen im Mai und zum Abschlusskonzert der dritten Klassen im Juni sowie zur Zukunft des Instrumentalunterrichts in der vierten Klasse
Mai 2005:	Frühjahrskonzert der Musikprojektkinder der zweiten Klassen in der Aula der Georgschule Dortmund
Juli 2005:	Abschlusskonzert der dritten Klassen im großen Saal der Schule, zu der die Projektteilnehmer der zweiten Klassen und ihre Eltern (Untersuchungskohorte) eingeladen waren („Die Kinder des Holzfällers")
Dezember 2005:	Weihnachtskonzert der dritten Klassen in der Aula der Georgschule
Juni 2006:	Abschlusskonzert der dritten Klassen im großen Saal der Schule
Juni 2006:	Abgabe der Instrumente
ab August 2006:	Eigene Organisation des Instrumentalunterrichts (z.T. noch bei denselben Lehrern in den Räumen der Schule) Ensemblespiel

Anhang 6:   Organisatorische Rahmenbedingungen

Organisatorische Rahmenbedingungen für die Einführung des Musikprojektes „Jedem Kind sein Instrument" an Schulen

Eine erfolgreiche Durchführung des Musikprojektes an Schulen setzt als Grundlage und Bedingung voraus, dass die organisatorischen Rahmenbedingungen dafür bereitgestellt werden. Die folgende Aufstellung basiert auf der Projektkonzeption und den Erfahrungen an der Dortmunder Waldorfschule.

Idealtypischer Ablauf eines Musikprojektes über 4 Jahre

1. Schuljahr
Herbst (Schuljahresanfang): Information der Klassenlehrer der zukünftigen Musikprojektkinder über das Musikprojekt (Konzeption) und die geplanten Aktivitäten im laufenden Schuljahr (Elternabende; Instrumentenkarussell). Erste schriftliche Informationen an die Eltern.
Frühjahr: Elternabende mit Informationen zum Musikprojekt; Planung des Instrumentenkarussells mit den Instrumentallehrern und den Klassenlehrern (Termine, Räume, Informationen an alle Beteiligten).
Frühsommer: Instrumentenkarussell; zwei bis drei Wochen später: Wahl der Instrumente durch die Kinder und schriftliche Anmeldung durch die Eltern; Elternabend mit den zukünftigen Instrumentallehrern; Organisieren der Beitragseinzahlungen (ein Elternteil pro Klasse); Abstimmung der Projektzeiten mit den Stundenplanungen der beteiligten Klassen.
Sommer (kurz vor oder während der Ferien): Bereitstellung der gewählten Instrumente für die kommenden beiden Jahre; Engagement der benötigten Instrumentallehrer; Organisation der Zeiten und Räume für die Instrumentalunterrichte.

2. Schuljahr
Nach den Sommerferien: Beginn des Instrumentalunterrichts in kleinen Gruppen an zwei Tagen in der Woche; Regelmäßige Abstimmungen mit den Kontaktlehrern der Schule und mit der Gruppe der Instrumentallehrer. Wenn nötig: Wechsel innerhalb der Gruppen oder der Instrumente einzelner Kinder. Absprache der geplanten Termine für das laufende Schuljahr (Konzerte, Elternabende, gemeinsame Konferenzen).
Dezember: Weihnachtskonzert der zweiten Klassen.
Frühling: Frühjahrskonzert der zweiten Klassen.

Sommer: Besuch des Abschlusskonzertes der dritten Klassen.
Abstimmungen der Projektzeiten des kommenden Schuljahres mit der Stundenplan-Vorbereitung.

3. Schuljahr

Nach den Sommerferien: Fortsetzung der Instrumentalunterrichte, ggf. Gruppenwechsel einzelner Kinder.

Herbst/Winter: Herbst- und/oder Weihnachtskonzert der dritten Klassen.

Frühjahr: Information an Eltern für die individuelle Organisation des Instrumentalunterrichts im folgenden Schuljahr, ggf. Elternabend zur Information und Beratung. Mit den Klassenlehrern: Planung des Abschlusskonzertes im Sommer. Evtl. Frühjahrskonzert der dritten Klassen.

Vor den Sommerferien: Abschlusskonzert der dritten Klassen; Abgabe der Instrumente; Rückzahlung der Kaution an die Eltern; evtl. Hilfe für die Eltern und Kinder bei der Planung des Instrumentalunterrichtes nach Ablauf des Musikprojektes; Verabredung von Ensembles oder Orchestern im folgenden Schuljahr (rechtzeitig für die Stundenplan-Aufstellung) mit den Klassenlehrern und Kontaktlehrern der Schule.

4. Schuljahr

Die Kinder haben jetzt selbständig Instrumentalunterricht – entweder mit demselben Instrument oder einem anderen. Vielleicht haben sie auch noch dieselben Lehrer, vielleicht sogar dieselbe Gruppe – häufiger ergibt sich jedoch ein Wechsel. Die Instrumente können nur dann weiter von der Schule ausgeliehen werden, wenn sie nicht von den neuen Projektklassen gebraucht werden – sonst müssen die Eltern selbst ein Instrument anschaffen oder leihen. Idealerweise wird im Rahmen des Stundenplans Ensemblespiel oder Vor-Orchester angeboten, an denen die Schülerinnen und Schüler teilnehmen und auf diese Weise wiederum zweimal in der Woche musizieren: einmal im Privatunterricht, einmal im Ensemble.

Personelle Voraussetzungen für die Durchführung des Musikprojektes

Projektleitung: Ohne eine Person, die die künstlerische und organisatorische Leitung des Musikprojektes übernimmt, lässt sich ein so umfangreiches Projekt wie „Jedem Kind sein Instrument" nicht an einer Schule etablieren. Der Zeitaufwand ist erheblich, vor allem in der Einführungsphase, aber auch während des laufenden Projektes. Eine entsprechende Honorierung der Projektleitung muss bei der Planung deshalb mit einkalkuliert werden. *(In den ersten Jahren in Bo-*

chum und in Dortmund hatte diese Position Mirjam Schieren inne, die zugleich auch im Projekt als Geigenlehrerin tätig war.)

Aufgaben der Projektleitung:

- Planung der Finanzierung des Musikprojektes
- Akquise von Fördermitteln und Spenden (Kontakte zu Stiftungen und Einzelpersonen; Organisation von Spendenaktionen auf Sommerfesten, Basaren etc.)
- Suche und Engagement der Instrumentallehrer
- Organisation der Zeiten, die für den Instrumentalunterricht im Rahmen des Stundenplanes und des schulischen Ablaufes zur Verfügung gestellt werden
- Organisation der Räume für den Instrumentalunterricht
- Information über das Musikprojekt an alle Beteiligten (Klassenlehrer, Lehrerkollegium, Eltern, Kinder, Auswärtige wie z.b. Sponsoren)
- Ankauf der Instrumente (dazu gehört: Kontakte zu Instrumentalienhändlern in der Region zur Aushandlung günstiger Einkaufskonditionen, Suche nach geeigneten Instrumenten für Kinder, Suche nach Reparaturwerkstätten, die schnell und zuverlässig arbeiten etc.)
- Organisation der Verwaltung der Instrumente (Bestandslisten, Versicherungen, Ersatzteile, Reparaturen etc.)
- Öffentlichkeitsarbeit (z.b. Projektinformationen in der Schulzeitschrift; Pressemitteilungen über das Projekt und besondere Veranstaltungen an die örtliche Presse)
- Ansprechpartner für andere am Projekt interessierte Schulen
- Kontaktvermittlerin zwischen Instrumentallehrern, Eltern, Lehrerkollegium und Schule
- Ansprechpartner für alle auftretenden Fragen und Probleme im Zusammenhang mit dem Musikprojekt für Kinder, Eltern, Instrumentallehrer, Kollegium der Schule
- Informationen in Konferenzen, Elternabenden in schriftlicher und mündlicher Form über das Projekt und einzelne Aktivitäten
- Planung, Organisation, Ankündigung, Durchführung von Konzerten und Aufführungen
- Kontaktpflege zu Institutionen in der Nähe der Schule

Kontaktlehrer: Ein oder mehrere Lehrer der Schule müssen als Bindeglied zwischen dem Musikprojekt und den dort tätigen Instrumentalpädagogen und der Schule vermitteln.

Eltern: Es werden einige Eltern pro Klasse benötigt, die organisatorische Aufgaben übernehmen: Einkassieren und Verwalten der Elternbeiträge zum Projekt; Verwaltung der Instrumente, der Verleihung der Instrumente einschließlich Leihverträge, Kautionen, Leihgebühren, Versicherungen; Organisation von Reparaturen und Ersatzteilen der Instrumente (gemeinsam mit Instrumentallehrern und/oder Projektleitung); eventuell Mithilfe bei der Organisation von Konzerten; evtl. Bindeglied zwischen Eltern, Schule und Musikprojekt.

Die Klassenlehrer: Sie sind zwar nicht unmittelbar im Musikprojekt beteiligt, aber müssen in die organisatorischen Abläufe mit einbezogen werden: Termine von Elternabenden, Konzerten, Probezeiten; Austausch über die Musikstücke mit den Instrumentallehrern; Beratung der Kinder und der Eltern bei Projektfragen; Beratung der Projektleitung bei der Gruppenzusammensetzung der Kinder; evtl. pädagogische Beratung der Instrumentallehrer bei Besonderheiten einzelner Kinder.

Die Musiklehrer: Ein enger Austausch zwischen den Musiklehrern und den Instrumentallehrern ist sinnvoll und notwendig, um das Projekt auch in musikpädagogischer Hinsicht eng mit dem Unterrichtsgeschehen der Schule zu verbinden, Abstimmungen über die Musikliteratur, musikdidaktische Fragen, Abstimmungen über das Vorgehen der Instrumentallehrer etc. zu gewährleisten.

Kosten und Finanzierung des Projektes

Die Gesamtkosten des Musikprojektes setzen sich aus mehreren Faktoren zusammen:

- Kosten für die Anschaffung der Instrumente
- „Wartungskosten" für die Instrumente wie Versicherung und Reparaturen
- Kosten für die Honorare der Instrumentallehrer sowie der Projektleitung
- Evtl. Kosten für die Betreuung der Kinder vor und nach dem Instrumentalunterricht
- Evtl. Kosten für die Räume
- Material- und Bürokosten

Kosten für die Anschaffung der Instrumente und Zubehör
Zu den Kosten für die Instrumente, die je nach Qualität und Anbieter erhebliche Preisunterschiede aufweisen, kommen weitere Sachkosten wie Saiten für die Streichinstrumente, Kolophonium, Aufbewahrungs- und Transportbehälter, Mobiliar zur Verwahrung der Instrumente, Cellobretter, Notenständer, Notenmaterial und pädagogische Literatur zum Thema, Hocker etc.

Entscheidend für das Zustandekommen des Projektes an der Dortmunder Schule war, wie zuvor schon in Bochum, die Finanzierung der Erstanschaffung der Instrumente. Diese können in der Regel nicht aus den laufenden Mitteln einer Schule oder aus den Elternbeiträgen finanziert werden. Deshalb müssen Stiftungen und Sponsoren gefunden werden, die das Projekt mit den Geldern für die Anschaffungen fördern.

Mittlerweile gibt es in NRW die Möglichkeit, über die Landesförderung für *„Jedem Kind ein Instrument"* (das aus dem Musikprojekt *„Jedem Kind sein Instrument"* hervorgegangen ist) Fördermittel erhalten: Bis zum Jahr 2012 können Schulen beim Land Gelder für ein Musikprojekt im Primarbereich beantragen und bei Förderung die Kosten für das Instrumentalprojekt mindestens teilweise abdecken.

Honorar-Kosten für den Instrumentalunterricht
Die Instrumentallehrer sind in der Regel freiberuflich tätige Instrumentalpädagogen. Sie erhalten für ihre Tätigkeit an der Schule ein vergleichbares Honorar, wie sie es z.B. auch an städtischen Musikschulen bekommen.

Elternbeiträge für das Musikprojekt
Wenn keine anderen finanziellen Mittel vorhanden sind – und das war in den beiden Projektschulen Bochum und Dortmund der Fall – werden für die laufenden Projektkosten Elternbeiträge erhoben. Die Sätze orientieren sich in etwa an den Beiträgen, die in Musikschulen üblich sind. Sie enthalten die Honorarkosten, die Leihgebühr für die Instrumente, eine Instrumentenversicherung gegen Schäden und Diebstahl, sowie eine Kaution für die Zeit des Projektes. Es sollte die Möglichkeit geschaffen werden, für finanzschwache Elternhäuser Stipendien zu erhalten.

In der Dortmunder Schule übernimmt ein Elternteil je Klasse die Betreuung der Instrumente und die Kasse für die Beitragszahlungen und ist Ansprechpartner im Schadensfall. Monatlich wird das Geld eingesammelt und auf ein Projektkonto eingezahlt; davon werden die Instrumentallehrer bezahlt.

Die Kalkulation der Beiträge beruht auf einer Gruppenstärke von drei Kindern: in diesem Fall entsprechen die Kosten den Beiträgen. Vom Überschuss der Gruppen mit vier Kindern lassen sich Zweiergruppen finanzieren, in begründeten Fällen sogar Einzelunterricht und Beitragsermäßigungen.

Kosten für die Betreuung der Kinder im Rahmen des Projektes und für die Räume
Die Schule muss in den Zeiten des Musikprojektes die Betreuung der Kinder garantieren: in den Wartezeiten vor und nach den Instrumentenunterrichten, bis

zur Abfahrt der Schulbusse bzw. zur Abholung durch die Eltern etc. In Dortmund hat die Schule dafür Lehrer zur Verfügung gestellt und die Betreuungszeiten auf das Stundendeputat angerechnet. Seit dem Jahr 2006 wird das Musikprojekt im Rahmen der Offenen Ganztagsgrundschule angeboten.

Förderverein
Für die Finanzierung des Musikprojektes wie die Anschaffung der Musikinstrumente, die Entgegennahme von Förder-, Spenden- und Stiftungsgeldern erwies es sich als hilfreich und sinnvoll, diese Aufgaben über einen Förderverein zu organisieren. In Dortmund werden diese Aufgaben durch die Musikfördergemeinschaft der Rudolf Steiner Schule Dortmund, eine Fördergemeinschaft im Verein zur Förderung anthroposophischer Initiativen in Dortmund e.V. (VAI), organisiert und durchgeführt.

Räume
Für die Instrumentallehrer, die parallel unterrichten, werden entsprechend viele geeignete Einzelräume gebraucht, und zwar am besten für die gesamte Zeitdauer der aufeinanderfolgenden Unterrichtseinheiten an beiden Tagen, damit nicht zwischendurch umgezogen werden muss. Das wäre besonders für die Instrumentallehrer schwierig, die in ihren Räumen sämtliche Instrumente für alle Gruppen zum vorherigen Stimmen aufbewahren (das gilt vor allem für die Streichinstrumente). Wenigstens ein Raum sollte an den Projekttagen von Schulbeginn an zur Verfügung stehen, in denen die Kinder ihre Instrumente lagern können, die dann von den Instrumentallehrern vor dem Unterricht abgeholt und gestimmt werden. Die großen und unhandlichen Instrumente wie die Kontrabässe sollten doppelt vorhanden sein und einen festen Aufbewahrungsraum haben, damit die Kinder ihre Instrumente zu Hause lassen können.

Raumbedarf für den Instrumentalunterricht in Dortmund während der Projektphase (Mit L1 bis L12 sind die Instrumentallehrer bezeichnet)

Zeiten	L1	L2	L3	L4	L5	L6	L7	L8	L9	L10	L11	L12
11.10- 11.40												
11.45- 12.15												
15 Min. Pause												
12.30- 13.00												
13.05- 13.35												

Zeiten

Der Instrumentalunterricht wird für alle Projektkinder der zweiten und der dritten Klassen an denselben Wochentagen durchgeführt. Dies ist vor allem deshalb notwendig, weil die Instrumentallehrer von außerhalb kommen und teilweise längere Anfahrten zur Schule haben.

Die Wahl der Wochentage und der Abstand der Tage können einen nicht unerheblichen Einfluss auf den Erfolg des Instrumentenlernens und insbesondere auf das Üben haben. So wurde es in Bochum als ungünstig angesehen, dass zwischen den beiden Projekttagen (Freitag und Montag) das Wochenende liegt, an dem in der Regel nicht geübt wurde. Hingegen erwiesen sich die Tage in Dortmund insofern als günstig, weil nur ein Tag dazwischen liegt: Auch wenn die Kinder am Mittwoch nicht üben so ist die Wiederholung des Stoffes doch relativ zeitnah möglich, gefolgt von einer längeren Phase zum Üben. Andererseits kann es auch von Vorteil sein, wenn gleichmäßigere Abstände zwischen den Projekttagen liegen (also z.B. Montag und Donnerstag). Wenn nur ein Tag zwischen den Unterrichtstagen liegt, können bei Bedarf die größeren Instrumente in der Schule gelassen werden, wenn ein entsprechender Instrumentenraum zur Verfügung steht. Die *Unterrichtszeiten* von 30 Minuten an zwei Tagen in der Woche haben sich für die Kinder bewährt. Die Erfahrung zeigte, dass die Kinder eine sehr hohe Konzentration beim Instrumentalunterricht aufbringen müssen. Die Unterrichtszeit von 30 Minuten erwies sich von daher als angemessen.

Die Instrumentallehrer

Die für das Projekt engagierten Instrumentallehrer müssen einige Voraussetzungen mitbringen. Vor allem sind dies die Bereitschaft und die Fähigkeit

- im Rahmen eines Musikprojektes zu unterrichten und sich – unabhängig von ihren sonstigen musikpädagogischen Vorstellungen – an die dort geltenden Regeln und Konzeptionen zu halten;
- regelmäßig an festgesetzten Terminen in die Schule zu kommen;
- enge Absprachen (Konferenzen) mit den anderen Instrumentallehrern des Projektes durchzuführen;
- enge Absprachen mit den verantwortlichen Lehrern der Schule zu treffen (Zeiten, Räume, pädagogische Grundhaltung und musikpädagogische Konzeption);
- mit ihren Schülern und ihren Kollegen und deren Schülern mehrmals im Jahr ein Konzert vorzubereiten und aufzuführen;
- vor allem aber: Kindern im Alter von 7-9 Jahren in kleinen Gruppen auf pädagogisch sinnvolle, d.h. altersentsprechende Weise Instrumentalunterricht zu erteilen.

Diese Bedingungen sind nicht selbstverständlich und unterscheiden sich in mancherlei Hinsicht vom Unterricht in Musikschulen oder auf privater Basis: Dort haben die Instrumentallehrer in der Regel eine viel größere Autonomie sowohl was die Organisation als auch was die musikpädagogische Ausrichtung ihrer Tätigkeit angeht.

Dafür können sie durch ihr Engagement im Musikprojekt ein sicheres mehrjähriges Engagement erhalten und durch den engen Austausch mit Kollegen gemeinsame Projekte verwirklichen. Vor allem aber haben sie die Chance, Kinder in ihrer natürlichen „Lernumgebung" zu unterrichten.

Besonders entscheidend für das Gelingen des Unterrichts ist die musikpädagogische Ausbildung der Instrumentallehrer: Sie sollten – wenn irgend möglich – schon während ihres Studiums einen Schwerpunkt in Instrumentalunterricht mit kleineren Kindern haben, und sie sollten möglichst auch Erfahrung mit Gruppenunterricht von Kindern mitbringen, um „Kinder in kindgemäßer bildhafter Weise in Gruppen leiten (zu) können." (Mirjam Schieren, zitiert in Bindel 2003, 56). Im Laufe der drei Jahre der wissenschaftlichen Begleitung und Beobachtung des Modellprojektes gab es einige Wechsel, gleichzeitig kristallisierte sich aber eine sehr engagierte Kerngruppe der Instrumentallehrer heraus, die die neuen Kolleginnen und Kollegen integrierte und das Musikprojekt bis heute gemeinsam durchführt.

Arbeitskreis Instrumentallehrer

Zum Austausch über alle anstehenden Fragen des Musikprojektes sind die Pausen zwischen den Unterrichten in der Regel zu kurz; deshalb empfiehlt sich die Einrichtung von regelmäßigen Treffen aller Instrumentallehrer zur Besprechung von organisatorischen Fragen, Abstimmungen über Termine und Zeiten, Verabredungen gemeinsamer Musikstücke für die verschiedenen Instrumentengruppen, die Planung der Konzerte usw. Ein fester Tag, zum Beispiel jeder erste Freitag im Monat vor dem Unterricht, hat sich als Grundgerüst bewährt, damit die regelmäßigen Treffen auch zustande kommen. Darüber hinaus sind gemeinsame interne und externe Fortbildungen zur Abstimmung der musikpädagogischen und -didaktischen Konzeption und zur eigenen Weiterbildung wichtig für die Qualität des Projekts.

Anfangsfortbildung und „Arbeitskreis Musikprojekt"

Zur Abstimmung der Projektziele und des musikpädagogischen und -didaktischen Vorgehens ist es sinnvoll, zu Beginn des Projektes eine gemeinsame Fortbildung vorzusehen. Nicht zuletzt dient sie auch der Gruppenbildung der Instrumentallehrer. Wegen der engen Anbindung des Projektes an die Schule ist es zu empfehlen, auch die betroffenen Klassenlehrer und die Musiklehrer in einer solchen Fortbildung einzubeziehen.

Darüber hinaus – um einen ständigen Austausch zwischen Schule und Projekt zu ermöglichen – ist es ratsam, einen Arbeitskreis mit Beteiligung von Schullehrern, Instrumentallehrern und der Projektleitung einzurichten. Hier können organisatorische wie inhaltliche und konzeptionelle Fragen abgestimmt werden, er könnte Anlaufstelle für die Bearbeitung von möglicherweise auftretenden Konflikten sein, und so insgesamt dazu beitragen, die Passung von Musikprojekt, Schulleben und Schulunterricht zu gewährleisten.

Anhang 7:   *Projektinformation Nr. 8, Oktober 2004*

Projektinformation, Nr. 8, Oktober 2004

Mirjam Schieren

Liebe Eltern der 2. und 3. Klassen,

nun hat vor einiger Zeit das Musikprojekt für die 2. Klassen begonnen und nach den ersten aufregenden Tagen, an denen die Räume für das Musikprojekt immer wieder aufgrund von Stundenplanänderungen unklar waren, hat sich alles einge- spielt und die Kinder finden sogar schon alleine hin. Die Instrumente werden ja schon seit einiger Zeit mit nach Hause genommen und wir hoffen natürlich, dass es den Kindern auch Freude bereitet, zu Hause zu spielen.

Üben
Bitte erinnern Sie Ihre Kinder immer freundlich an das Üben (Kinder vergessen das im Spiel) aber eher so: "Willst du mir nicht einmal vorspielen, was du Neues gelernt hast?" Oder: "Die Oma hat bald Geburtstag, spiel doch das Lied noch ein paar Male, so dass du ihr ein kleines Ständchen bringen kannst!" oder: „Welches Lied spielst du denn am liebsten?"
So oder ähnlich kann man Kinder gut motivieren. Ein Anlass oder einfach zu- nächst nur das Vorspielen vor Familie oder Freunden motiviert die Kinder und ist am Anfang ein gutes Mittel, sie zum spielen zu bewegen. Wenn man herumhört, erzählen viele, dass sie es am schönsten fanden, wenn der Vater, wenn er nach der Arbeit nach Hause kam, sich die Zeit nahm mit dem Kind zu

musizieren oder zuzuhören. Gut ist auch eine feste Zeit einzuplanen: vor oder nach den Hausaufgaben, vor dem Spielen draußen, vor oder nach dem Abendbrot o.ä.

Sie müssen immer bedenken, dass es am Anfang sehr, sehr schwer ist, ein Instrument zu erlernen. Lassen Sie es sich von Ihrem Kind zeigen, um einmal einen Eindruck zu bekommen. Zeigen Sie überhaupt Interesse am Musizieren Ihres Kindes, auch wenn es am Anfang noch nicht so gut klingt (in unseren Ohren!). Die Kinder sehen das unter Umständen ganz anders und werden leicht demotiviert, wenn immer gutgemeinte Ratschläge und Verbesserungswünsche von den Eltern kommen. Auch wenn es vielleicht nicht immer das Lied wird, was das Kind üben soll, so ist es doch gut, wenn es überhaupt spielt, da wir Lehrer in der Stunde dann besser sehen können, wo wir eingreifen sollen (bei den Blasinstrumenten muß der Ansatz geübt werden, bei den Streichinstrumenten die komplizierte Haltung. Da ist es aber nicht so schlimm, wenn das Lied nicht klappt – besser sie versuchen es überhaupt. Mit zunehmender Geschicklichkeit kommt der Rest dann auch bald!) . Man darf dabei jedoch nicht vergessen, dass ein Lied mit einem oder zwei verschiedenen Tönen für die Kinder zunächst ein Lied ist genau wie jedes andere komplizierte Lied, das wir Erwachsenen vielleicht bevorzugen würden. Dieses unbefangene Umgehen mit Musik wollen wir nutzen, um Ihrem Kind möglichst spielerisch das Instrumentalspiel nahe zu bringen. Und Sie werden sehen, im nächsten Frühling sieht das Instrumentalspiel Ihres Kindes schon ganz anders aus...

Bitte Vorsicht!

Aus der Erfahrung mit dem Musikprojekt an der Waldorfschule in Bochum wissen wir, wie leicht die Instrumente kaputt gehen können. Bitte bedenken Sie, dass diese Instrumente in der Bauweise den „großen" Instrumenten gleich sind, also nicht für Kinder extra dick und stabil gebaut wurden, da dies den Klang sehr beeinträchtigt.

Bitte halten Sie Ihre Kinder zu einem vorsichtigen Umgang mit den Instrumenten an. Sie müssen wie rohe Eier angefasst werden. Besondere Achtung ist beim Hinstellen auf den Boden zu geben, da ein Aufprall auch in einem Koffer das Instrument beschädigen kann.

Besonders vorsichtig müssen die Cellokinder sein!

Das Instrument ist groß und der Steg (helles geschnitztes Holzteil, worüber die Saiten gespannt sind) gibt jedem Druck auf die Decke (die Obere Fläche des

Cellos) weiter. Auch an den Seiten ist das Cello besonders für kleine aber gravierende Risse anfällig!!!

Die Kinder müssen wissen, dass die Instrumente, die sie vom Musikprojekt bekommen haben sehr, sehr kostbar sind.

Eine weitere Bitte: Die Kästen und Hüllen der Instrumente dürfen nicht beschrieben oder beklebt werden, damit sie auch für diejenigen Kinder, die diese Instrumenten später leihen wollen, wie neu aussehen und so auch dann weiter behandelt werden!

Kofferschilder

Bitte kontrollieren Sie immer wieder, dass sich an dem Instrument Ihres Kindes ein wasserfestes Schild befindet, auf dem die vollständige Adresse (am besten auch die Schule) des Kindes eingetragen ist. Sollte das Instrument stehen gelassen werden, so kann kein noch so ehrlicher Mensch erraten, wem es gehört, wenn da nichts drauf steht!!! Die Schilder gehen auch immer wieder ab – also immer wieder kontrollieren, auch noch in der 3. Klasse!

Weihnachtskonzert

Am Freitag, dem 17. Dezember 2004 wollen wir um 17.00 Uhr

mit allen Kindern aus dem Musikprojekt ein Weihnachtskonzert im großen Saal der Schule machen. Die Kinder der 2. und 3. Klassen werden dann gemeinsam musizieren. Bitte merken Sie sich diesen Termin schon einmal vor und bringen Sie gerne Freunde und Verwandte mit. Nähere Informationen folgen zur gegebenen Zeit. Proben dafür finden während der Musikprojektzeiten statt.

Ensembles der 4. Klassen

Nach den Herbstferien können nun endlich die Ensembles der 4. Klassen beginnen. Es dürfen alle Kinder an einem Ensemble teilnehmen, dabei wird es zwei Streicherensembles, ein Bläserensemble und zwei Blockflötenensembles geben. Alle Kinder, die Unterricht auf einem Instrument haben, dürfen in einem entsprechenden Ensemble musizieren. Alle anderen haben die Möglichkeit auf der Blockflöte zusammen zu spielen. Vielleicht gibt es ja den einen oder anderen, der auf eine tiefere Flöte umsteigen möchte, so dass auch hier ein orchestraler Vielklang entstehen kann. Angeleitet werden diese von Herrn N. (Bläser), Herrn H. (Streicher), Frau S. (Streicher), Frau T. (Blockflöte) und Frau A. (Blockflöte).

Die Ensembles werden Teil des Hauptunterrichts sein und kosten die Eltern nichts zusätzlich.

Ziel ist es, in den Ensembles in etwas größeren Gruppen als im Musikprojekt das Zusammenspiel zu üben, bevor die Kinder ab der 5. Klasse in ein Orchester gehen.

> Beginn: Dienstag, 2. November 2004 (1. Schultag nach den Herbstferien).
> Bitte denken Sie daran, dass die Kinder ihre Instrumente mitbringen!

Georgschule
In der letzten Woche haben acht Kinder aus der 2. Klasse in zwei Gruppen mit dem Musikprojekt begonnen. Zunächst wird dort nur Geigenunterricht angeboten. Im Laufe der Zeit soll das Angebot für die Georgschüler jedoch vielfältiger werden.

Martinsbasar
Wir sind gefragt worden, beim Martinsbasar zur Eröffnung zu spielen. Natürlich können bei solchen etwas kurzfristigen Auftritten nicht immer alle Kinder mitspielen und manche Kinder sind manchmal etwas enttäuscht, wenn sie nicht dran kommen. Sollte Ihr Kind deshalb traurig sein, so vertrösten Sie es auf ein anderes Mal. Es werden immer wieder Gelegenheiten kommen und unser nächstes Konzert ist ja schon am 17. Dezember (s.o.). Diejenigen Kinder die dort auftreten werden, werden noch gesondert informiert!

Forschungsprojekt
Nachdem dankenswerter Weise viele Fragebögen wieder an Frau Dr. Ch. Heinritz zurückgegangen sind, werden diese zurzeit ausgewertet. Studenten bereiten als nächsten Schritt Interviews mit Eltern, Lehrern und Kindern vor.

Fragen zum Musikprojekt
Wenn Fragen zum Musikprojekt auftreten, so wenden Sie sich bitte direkt an Frau A. als Vertreterin für die Schule (*Klassenlehrerin*) oder Frau Schieren (Musikprojekt *Telefonnummer*). So könnten manche Ungereimtheiten, die sich als Gerüchte durch die Schule verselbständigen, besprochen und hoffentlich geklärt werden. Auch wird nun schon bald die neue 1. Klasse über das Musikprojekt informiert werden, so dass grundsätzliche Fragen vielleicht zuvor noch besprochen werden sollten.

Was kommt nach dem Musikprojekt

Die Kinder geben am Ende der 3. Klasse ihr Instrument vom Musikprojekt wieder ab. Wenn sie jedoch weiterspielen wollen, müssen sich die Eltern selber um ein Instrument kümmern. Da für viele Eltern der jetzigen 4. Klassen der Schritt aus dem Musikprojekt schon nach einem Jahr vollzogen werden musste, war die Zeit relativ kurz, in der man sich um ein Nachfolgeinstrument kümmern konnte. Diese Erfahrung nehmen wir zum Anlass, dieses Thema schon frühzeitig anzusprechen. Wir erinnern die Eltern der 3. Klassen immer am Anfang des neuen Jahres, schon erste Schritte in dieser Richtung zu unternehmen (Adressen und Hilfen werden angeboten), falls das Kind weiterspielen oder ein anderes Instrument erlernen möchte. Trotzdem kann es nicht deutlich genug gesagt werden, dass Instrumente Geld kosten und natürlich auch der Nachfolgeunterricht teurer ist, als der Gruppenunterricht während des Musikprojekts. Sorgen Sie also lieber schon während der zwei Musikprojektjahre vor, jeder weiß wie schwer es manchmal sein kann, allen Kindern ihre Wünsche zu erfüllen. Wenn frühzeitig darüber nachgedacht wird, können vielleicht auch andere Wege und Hilfen entweder im eigenen Umfeld oder über andere Wege kommen.

Offene Geigenwerkstatt

Am Sonntag, dem 17. Oktober 2004 findet von 15-18 Uhr ein Tag der offenen Geigenbauwerkstatt bei der Geigenbauerin Caroline Henry, Wasserstr. 36 in Unna statt. Vielleicht hat jemand Interesse seinem Kind dies zu ermöglichen.

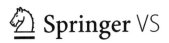

Printed by Printforce, the Netherlands